図解版

問題解決トレーニング

「シゴト脳」がぐんぐん強くなるエクササイズ45問

西村克己
芝浦工業大学大学院教授

イースト・プレス

INTRODUCTION

この一冊で、問題解決のヒントがどんどん湧き出てくる「アタマがいい人」になれます！

問題は、なぜ発生するのでしょうか。

私たちの仕事は、問題解決の連続だといっても過言ではありません。仕事に限らず、家庭でも学校でも、私たちの日常生活は、問題との戦いです。

問題解決が苦手という人がいます。いつも変わらない平和な日々が過ごせたらいいと思うかもしれません。しかし、それでは変化がない、つまらない人生になってしまうでしょう。問題を見つけて、それを解決することで、あなたの存在感が高まるのです。

では、どうしたら、いまより楽に問題解決ができるようになるのでしょうか。

問題解決の方法やコツは、誰も教えてくれません。自分で創意工夫して、解《かい》を見出すしかないのです。

いままでの「アタマがいい人」は、知識詰め込み型の、記憶力がいい人でした。記憶力がよくて勤勉な人が、「アタマがいい人」だったのです。企業が規模の拡大によって過去の成功体験をそのまま生かせた時代においては、記憶力と勤勉さで仕事を乗り越えることができました。

しかし、変化の時代において、記憶力と勤勉さだけでは仕事を乗り越えられません。「アタマがいい人」という定義が変化してきています。

これからの「アタマがいい人」は、自分で問題をつくって、自分で問題を解く人です。たとえば新しいビジネス提案をして、実現に向けて推進します。そして、「正解はない。解は自分で創造するものだ」ということを知っています。

これからの時代、「これをやれば必ず成功する」という唯一の正解はありません。しかし、さまざまな問題解決の定石《じょうせき》（ノウハウや手法）を使いこなすことで、成功率を飛躍的に高めることができます。

本書では、問題解決の定石を踏まえつつ、身近な題材を取り上げて、トレーニング方式でまとめました。Part1からPart7は問題解決のステップにもとづいています。問題を発掘し、何が問題かを明らかにして、それを解決するステップを踏んでいけば、しだいに問題解決力が身についていきます。

なお、解答は「絶対間違い」「絶対正解」というものではありません。正解と不正解の境目は曖昧《あいまい》です。より正解に近いものを解答例として提示しているにすぎません。個人の経験の違いなどによって場面設定の解釈が異なることもありますから、あなたの解答と本書の解答は異なるかもしれません。しかし、気にせずに「問題解決のヒント」をよく読んでください。そこには問題解決の定石が書かれています。

お金は使うと減りますが、脳ミソは使うほどシワが増えてアタマの回転がよくなります。では、「問題解決トレーニング」に挑戦してみてください。

芝浦工業大学大学院教授　西村克己

目次

Part 4 現状を分析しよう

Part 5 問題解決の最短経路

Part 6 問題解決のための確実な対策

Part 7 目標を達成するための問題解決力

1 アタマがいい人、悪い人を分ける「考え方」の差はどこにあるのか？

Q 新入社員の杉下君と山田君は、同じ部署に配属されました。

杉下君は記憶力がよく、いつ、誰が、何をいったか（何をしたか）をよく覚えています。経済事情にも詳しく、流行の理論やキーワードをよく知っています。仕事も先輩たちの指示に従ってテキパキとこなします。

理解が早いので、まわりからの評価も高いようです。ただ、指示されたこと以外はまったく興味がないようです。

一方の山田君は、記憶力はいまひとつですが、メモをよく取ります。また、先輩たちが指示しても、「なぜですか」「こうしてみたらどうでしょうか」と、いちいち口答えをしてしまいます。そのため「頼むのに、ひと手間かかる」といわれています。

記憶力には自信がない山田君ですが、興味がある分野についての知識は深く、一般的な新聞や雑誌に載っていないようなことまで知っています。ときどき指示にないことまで調べて、「きっとこうなるんじゃないか」と自分なりの見通しや考えを口にすることもあります。その見通しが当たるときもあれば、外れるときもあるため、一部の先輩から煙たがられることもあるのですが……。

さて、杉下君と山田君、「アタマがいい」のはどちらでしょうか。

①杉下君
②山田君
③どちらがアタマがいいとはいえない
④二人ともアタマがいい

問題解決のヒント 「アタマがいい」とはどういうことか

私たちは「アタマがいい」という言葉をよく使いますが、この言葉はどういうことを意味しているのでしょうか？ 記憶力がいい、アタマの回転が速い、要領がいい、論理的であるなど、そのときの状況や使う人によってさまざまなようです。

杉下君は記憶力がいい、指示を理解するのが早いということになります。

一方の山田君は情報を集めて見通しを立てるのがうまいということになります。

二人はそれぞれ違うタイプの**アタマのよさ**を持ち合わせているといえます。

How toよりも重要な「何が必要か」(What)を考える力

与えられた仕事を、いかに早く、品質よく仕上げるかというHow toの部分の能力が高いことはたしかに重要です。しかし、それだけではもう通用しなくなってきています。How toが必要とされるのは、何をすべきかがあらかじめわかっている場合です。

いまのビジネスで必要なのは、「目的は何か、何をすべきか」を考える力です。仕事の「内容」を理解することと、その「目的」を理解することとは違います。How toを身につける前に、その仕事の目的（What）は何かということを考えなければ、見当違いの努力ばかりすることになりかねません。目の前の仕事を片付けることだけに全力を注いでしまうと、「仕事は効率的になったけど、いつの間

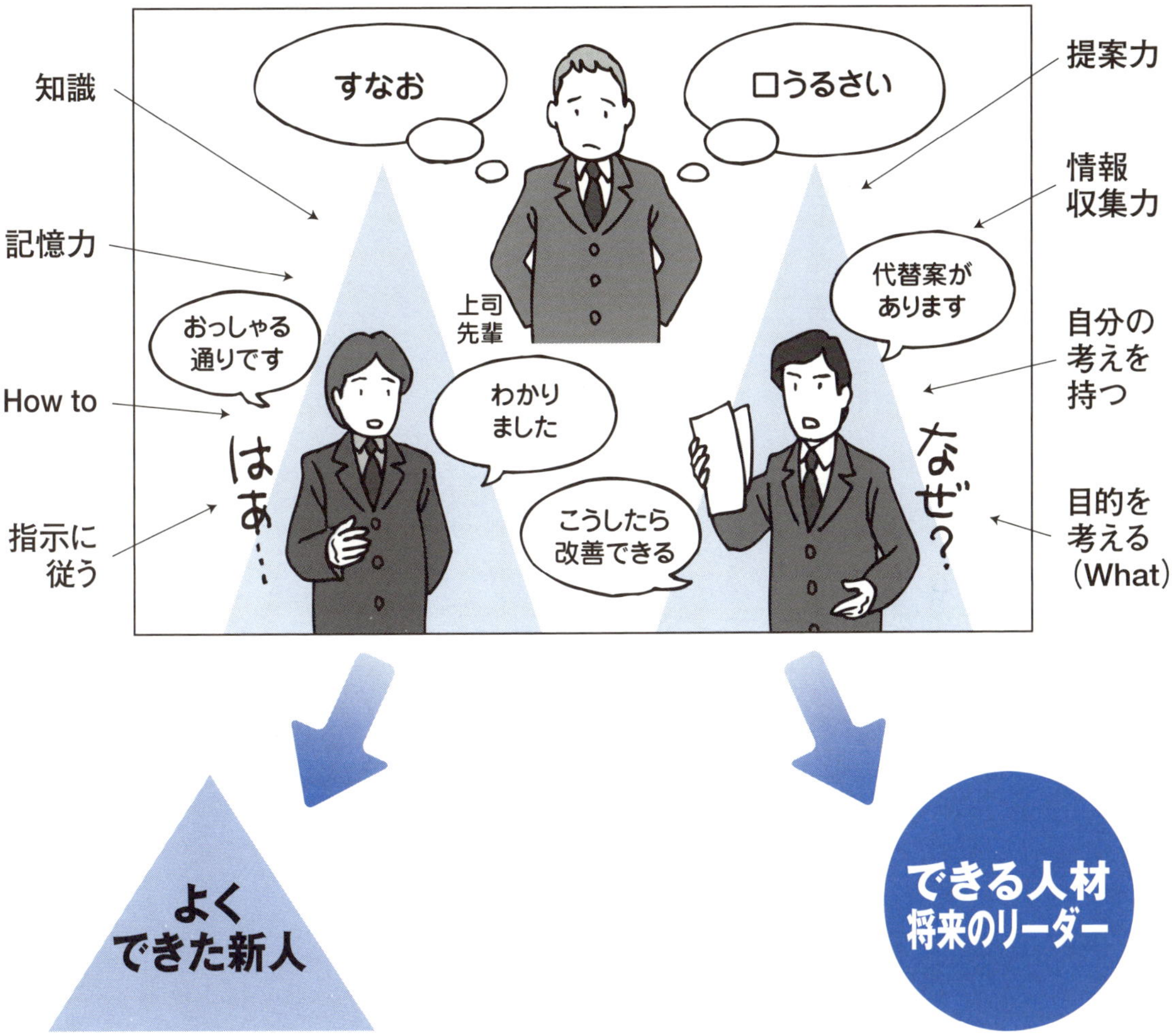

目的を見据えてシナリオを描き、仕事を進めるのがこれからの「アタマがいい人」！

にかその仕事は必要とされなくなっていた」ということになってしまうのです。

「よくできた新人」と「将来のリーダー」の違い

杉下君は「よくできた新人」と評価されるでしょう。しかし、いずれビジネスを動かすリーダーの立場になったらどうでしょうか。

私は山田君のほうが、「できる人材＝**アタマがいい人**」に育つ可能性があると思います。山田君は自分の考えを持っているタイプです。

自分の考えとは、ただの意見や主張とは違います。情報を調べて、それをもとに組み立てられる先の見通し、つまり論理的なシナリオのことです。

A ② point

記憶や知識の量よりも、先の見通しを立てたり、シナリオを考えたりする力が必要です！

2 仕事の向こうに「目的」が見えれば不必要なトラブルが激減する

Q 田中君はまじめで誠実、いわゆる「いい人」といわれるタイプです。どういうわけかトラブルに巻き込まれることが多々あるようですが、田中君がうっかりつまらないミスをしているというわけではなく、なぜか「災難が降ってくる」というタイプなのです。

つい最近もこんなことがありました。新商品発表会の準備のために夜遅くまで残業していたときのことです。田中君は新商品発表会用のパンフレットの件で部長に呼び出されました。今度の新商品を写真入りフルカラーで紹介した田中君の自信作ですが、3日前にできあがったばかりのパンフレットを見て、営業担当の常務が怒っているというのです。

「この商品は、うちの新しいコンセプトを打ち出す戦略商品だ。従来のカタログと同じつくり方では、意味がないどころか、顧客にこの商品を誤解されてしまうではないか！　いますぐつくり直せ！　ちゃんとアタマを使って仕事をしなさい！」

田中君は腹が立つのを通り越して驚いてしまいました。これまで常務が販促物のチェックをしたことなどはなく、今回もいつものように直属の部長のチェックだけを受けて発注していたのでした。

発表会を1週間後に控えた田中君はパニック状態。あわててパンフレットを再発注することにしましたが、印刷業者の担当者も、「いったい、どうなっているんですか。いくらなんでも1週間で納品するなんて無理ですよ」と憮然《ぶぜん》とした表情です。

さて、この事態を招いたのは、いったい誰なのでしょうか？

①誰かが悪いということではない。田中君は運が悪かった。
②NGが出るようなものを採用した部長が悪い。
③今回に限って現場に口を出してくる常務が悪い。
④田中君は悪くない。まじめにやった。でも、要領が悪かった。

問題解決のヒント

「自分を離れた視点」を持て

仕事を進めていたら、突然どこからか横ヤリが入るというのは、よくあるパターンです。しかし、トラブルの地雷を踏んでばかりの人と、あまり踏まない人がいます。こうした要領の良し悪しは、どこから生じるのでしょう。

自分の視点だけで仕事を進めていると、いつまでたっても似たようなトラブルを繰り返してしまいます。田中君は、怒られるまで常務が関係者だとは思っていなかったようです。「仕事の**目的**＝発表会の開催」「関係者＝制作担当、当日のプレゼン担当、来場客」としか考えていなかったのです。

しかし、「新しい戦略商品」という点を踏まえていれば、自然と「これは通常の発表会とは違う」ということが予想できたはずです。

トラブルの地雷を避けるために

ふだんから、**指示を受ける前に、その仕事の目的をよく考えてみましょう**。最初に全体のシナリオを描き、それに従って仕事を進めるクセをつけましょう。全体のシナリオをまとめた時点で関係者の了解を取れば、やり直しは少なくてすみます。

その仕事の**目的**は何か？　会社

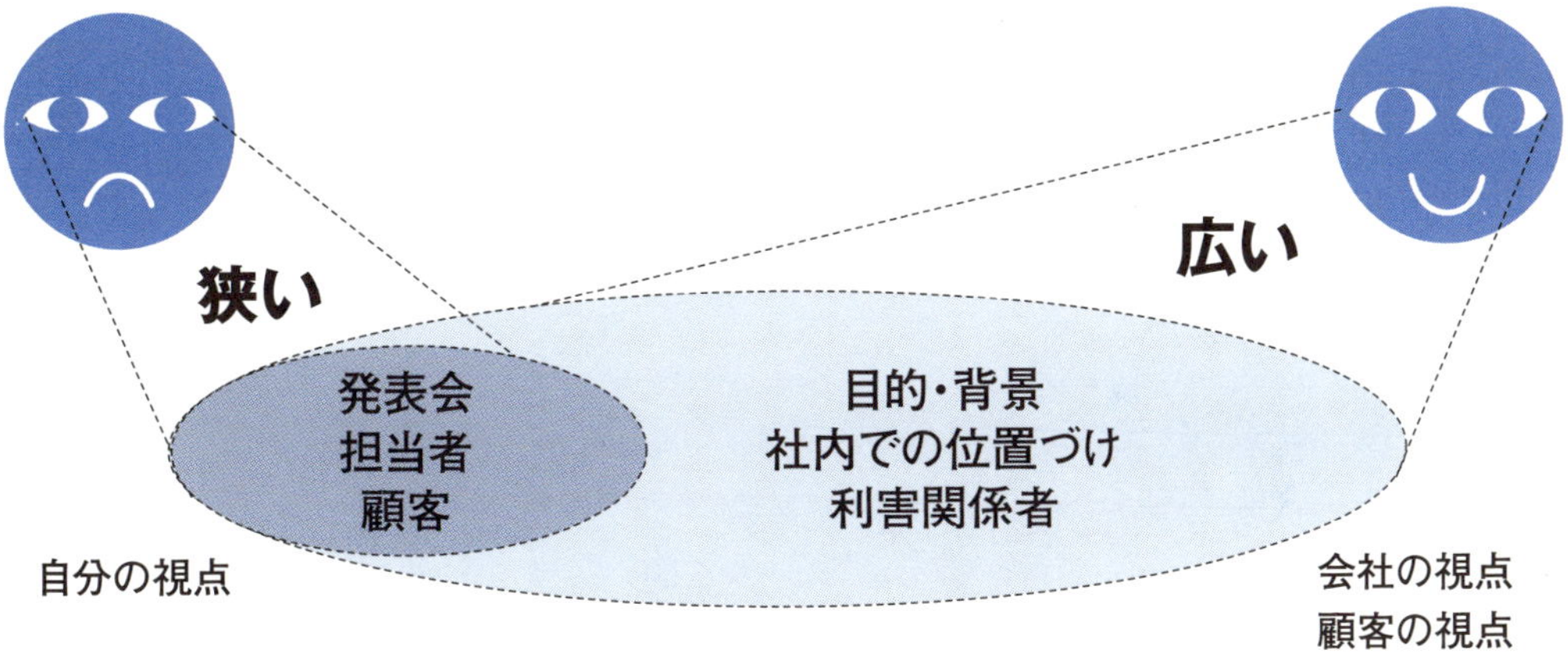

広い視点を持つことで、「目的」や「背景」を踏まえた仕事ができる！

の中での位置づけはどうなっているのか？　社内のどんな部署と結びついているのか？　利害関係者（ステークホルダー）は誰なのか？

トラブルの地雷を踏みやすいのは、「**目的・背景**」を把握する力が弱い人です。仕事の**目的**や**背景**を理解せずに、作業内容を把握しただけで「わかった」と思ってしまうのです。

いい仕事をするためには、いまの自分の視点だけでなく、**「自分の部署にとって、どんな意味があるのか」「顧客にとって、この仕事はどんな役に立つのか」というように、つねに広い視点で考えることが必要です。**

A ④ point

自分だけの視点で仕事を進めるのではなく、つねに仕事の目的や背景をよく考え、理解したうえで仕事をしましょう！

3 この「全体最適」の視点でムダなやり直しや朝令暮改は消える

Q 営業部門の吉岡君には悩みがあります。直属の上司である課長のことです。彼は部下によく意見を求める人なのですが、話を聞くたびに自分の考えを修正して、いうことがコロコロ変わってしまうのです。「部下の意見を取り入れる」といえば聞こえはいいのですが、方針変更のたびに下の人間は振り回されます。

先日も、与信限度のことでこんなことがありました。倒産する取引先がポツポツ出ていることもあり、会社から与信管理を厳しくする指示が出たときのことです。課長は、「支払いが遅れたことがある取引先には、必ず前金で支払ってもらう。受け入れてもらえない会社とは今後、取引をやめよう」と指示をしました。

これを受けて、吉岡君たちは、一度でも入金が遅れた取引先に前金での支払いをお願いし始めました。しかし、支払いが遅れたといっても、営業の担当にとっては「お客さま」です。なかには怒り出してしまう顧客もいました。

このまま全部の対象企業に前金取引をお願いするのはムリがあります。吉岡君たちが大事な顧客を失いかねないことを訴えた結果、課長は数日後、「前金取引は、2回以上督促しても払ってくれないところだけにしよう」と方向転換しました。

しかし、その1週間後、「毎年決算書を出してくれない取引先は、やはり前金取引にする」ということになってしまいました。経理部が決算データの財務分析で与信限度額を算出するしくみをつくり、運用を図ることにしたためです。

二転三転する指示に振り回された吉岡君たちは、すっかりアタマにきて、「前にはこうおっしゃっていたでしょう!」「とりあえず、ではなく、ちゃんと結論を出してから指示をください」と課長に詰め寄りました。

あなたはどう思いますか?

①状況をよくするためには、臨機応変な方向転換も必要。
②一度決めたことをコロコロ変えると現場が混乱する。しばらく様子を見るべき。
③課長が迷っているなら、上司である部長がビジョンを示すべき。
④課長には全体像が見えていない。だから、朝令暮改になる。

問題解決のヒント

部分にこだわると全体が破綻を来《きた》す

なぜ、真剣に考えて、一番いい方法だと思ってやっているにもかかわらず、同じような〝朝令暮改（朝命令したことを夕暮れには改めてしまうこと）〟や〝やり直し〟を繰り返してしまうのでしょう?

それは**全体**が見えず、目の前のことしか見えていないからです。足元の小さなことが一番大きな問題に見えてしまいます。あとでもっと大事なことがあったと気づいて、何度もやり直す羽目になるのです。

全体をつかむことなく、いきなり一部分に取りかかっても、その部分の位置づけやまわりとの関係が把握できず、結果的に努力がムダになってしまいます。

手際よく仕事を進めるためには、**最初に全体を見てグランドデザイン（全体構想）を明確にしましょう**。そして、部分の作業に取りかかっているときも、つねに**全体**の

朝令暮改 → 全体設計

改善

部分最適 → 全体最適

（目の前の課題に対処
ムダな努力
やり直し）
↓
非効率的

（優先課題から対処
ムダがない
確実な目標達成）
↓
効率的

視点を持つようにしましょう。

「部分最適」を積み重ねても「全体最適」にはならない

「**全体最適**」と「部分最適」という言葉があります。ある一部分だけで見ると最も効率がよい状態であっても、それが**全体**としての効率のよさには必ずしもつながらない、というものです。**「部分最適」を積み重ねても、「全体最適」になるとは限らないのです。**

会社の目的は、ひとつの組織として最高のパフォーマンスをあげることにあります。自分の部やチームなどの部分のためにしかならない仕事は、**全体**として見たとき、まったく価値を生んでいないかもしれません。

A ④ point
最初に全体を見て、グランドデザインをしましょう。つねに、「全体最適」の視点を持つことが必要です!

④ 問題解決の「正解」はひとつではない。目的を達成する「答え」はいくらでもある！

Q

A社は鉄鋼メーカーです。近年、社長は鉄鋼事業だけでの経営に不安を感じ始め、新規事業を立ち上げて収益の柱を育てることにしました。

しかし、鉄鋼一筋できた社長には、どんな事業を立ち上げればいいのかイメージが湧きません。そこで社長は、経営コンサルタントを頼むことにしました。新規事業の開発のサポートという契約です。

派遣されてきたコンサルタントが経営会議に出席したときのことです。社長は新規事業を本格的に検討するつもりであることを述べ、コンサルタントを紹介しました。そこで、ある経営幹部がこう発言しました。

「わが社の財務状況からいっても、失敗が許される状況ではないですし、ぜひ先生のお知恵を借りて、新規事業を成功させたい。われわれは鉄以外の事業はまったく素人《しろうと》なのですが、どんな新規事業が有望でしょうか？」

しかし、そのコンサルタントは、次のように答えたのです。

「どんな新規事業をやるべきか、私にもわかりません」

会議に参加していた幹部たちは、唖然《あぜん》としてしまいました。

なぜ、このコンサルタントはこんなことをいったのでしょうか？

①このコンサルタントには新規事業を進める能力がない。
②ギャラが安かったので、その程度の知恵しか出すつもりがない。
③コンサルタントとはそういうものだ。頼ろうとするのが間違っている。

問題解決のヒント
「正解ではない＝失敗」とは限らない

コンサルタントとは、「どのように課題を設定すればいいのか」「どのように選択肢を探して評価をするのか」、その手順と方法に長《た》けている人種です。決して魔法の杖《つえ》のように、いきなり解決策を出してくれるわけではないのです。

ビジネスには「正解」や「間違い」はありません。あるのは「成功」か「失敗」かです。多くの利益を出す効率のよいビジネスがいいビジネスで、赤字垂れ流しのビジネスは悪いビジネス。それだけです。

それなのに、どこかに正しい答えがあり、それを知ることですべての問題が解決すると思っている人が多くいます。

問題には「クイズ型問題」と「パズル型問題」がある

問題には、**クイズ型問題**と**パズル型問題**の2種類があります。**クイズ型問題**には正解が存在し、その正解は、たいていひとつです。How toを知っていれば解決することができる類《たぐい》の問題です。こういった問題は、知識の量で勝負することができるので比較的やさしく、知っている人に聞いたり、本やセミナーで知識を仕入れたりすれば解決できます。

しかし、**現実の社会ではパズル型問題のほうが多く発生します。****パズル型問題**とは、自分で問題をつくって、自分で解決するものです。課題を自由に設定できる代わりに、決まった正解はありません。問題のつくり方によって答えが異なるので、正解というより、「解《かい》」といったほうがいいでしょう。し

問題

クイズ型問題	パズル型問題
正解が存在	**正解がない**
	現実社会では多く発生
日本人は得意	**複数の解を比較して選ぶしかない**
（例）学校のテスト 「1＋2＝?」	（例）会社の業績アップ 「年間で利益を10％アップするには?」

かも、解はひとつではなく、複数存在します。

たとえば、「年間で利益を10％増やすにはどうしたらいいか」という問題では、いくら知識や経験があっても、それがそのまま「解」になるわけではありません。何をテーマに選ぶかで解となる選択肢は変わりますし、何を目標にするかによって、どの選択肢がいいかという評価も変わってきます。

一番いい解決法を選ぶには、複数の解（選択肢）の評価をして選ぶという過程が必要になります。つまり、**解をひとつだけ探すのではなく、代替案を作成し、最もよいものを評価して決定する**のです。これが、**パズル型問題**を解決する基本的な流れになるのです。

A ③ point

パズル型問題は、正解を探すのではなく、代替案を作成し、最もよいものを選択しましょう！

5 前提条件とルールは解決策を探す前に押さえよう

Q 吉田君はマーケティング部門に所属する5年目の社員です。フットワークが軽く、いろいろな人に会って話を聞くのが好きで、よく勉強もしています。アイデアや発想もなかなかものです。しかし、吉田君は一部では「暴走社員」と呼ばれています。熱中するとまわりが見えなくなり、必ず「何か」をやらかしてしまうのです。

最近もこんな事件がありました。吉田君は社内のＣＲＭ（情報システムを活用して顧客を囲い込む経営革新手法。ポイントカードなど）導入プロジェクトに熱心に参加しています。プロジェクトではＣＲＭについて勉強会を開くことになり、講師についての人選が進んでいました。ところが、社としての決定が出る前に、吉田君は講師を依頼してしまったのです。

「もう、あのコンサルタントに依頼したって、本当か？」

「ええ、そうなんです」

「あの先生に頼むって話は、まだ社内ではオーソライズされてないんだぞ」

「あ、そうでした。報告を忘れていました。すみません」

「そうじゃない。話を進める順序が違うだろう」

とまあ、万事こんな感じです。

吉田君は、なぜこんな暴走を繰り返すのでしょうか？

①注意力が足りないから。
②自分に見えている範囲だけで判断してしまうから。
③自分勝手なので誰にも相談せず、独断で進めるから。
④上司の管理やチェック体制が甘いから。

問題解決のヒント

前提条件、ルールを無視した問題解決は頓挫《とんざ》する

暴走社員といわれる人がいます。吉田君のように話の進め方の手順を無視してしまう人もいれば、職人のように、ある特定の部分に全精力を傾けて全体効率を無視してしまう人もいます。

そういった人たちはまわりが見えず、少々の**ルール**違反や非効率は許されると思っているところがあります。そして、彼らなりの考え方や理屈は、部分的に見ると必ずしも間違ってはいなかったりするので、説得するのもひと苦労です。

しかし、こうした暴走は結局、話の仕切り直し、調整のし直し、トラブルなどを招いてしまうので、決して効率的な仕事の進め方ではありません。

自分が「一番いい方法」だと思っても、全体を見回して**組織としての前提条件（物事を考えるための前提となる条件）や制約条件を守らなければ問題解決にはなりません。**

・この件の決定権限を持っているのは誰か（どの部署か）？
・要求されている品質、コスト、納期（ＱＣＤ）は？

こういった**前提条件**や**ルール**は、あらかじめ理解しておかなければならないのです。

相手や状況によるルールの変化を見逃さない

いままでの問題解決には**前提条件**と問題を解く**ルール**が設定されていることが多かったので、誰でも同じ答えを導くことができました。**前提条件**や**ルール**が明確だから、与えられた課題に対して機械

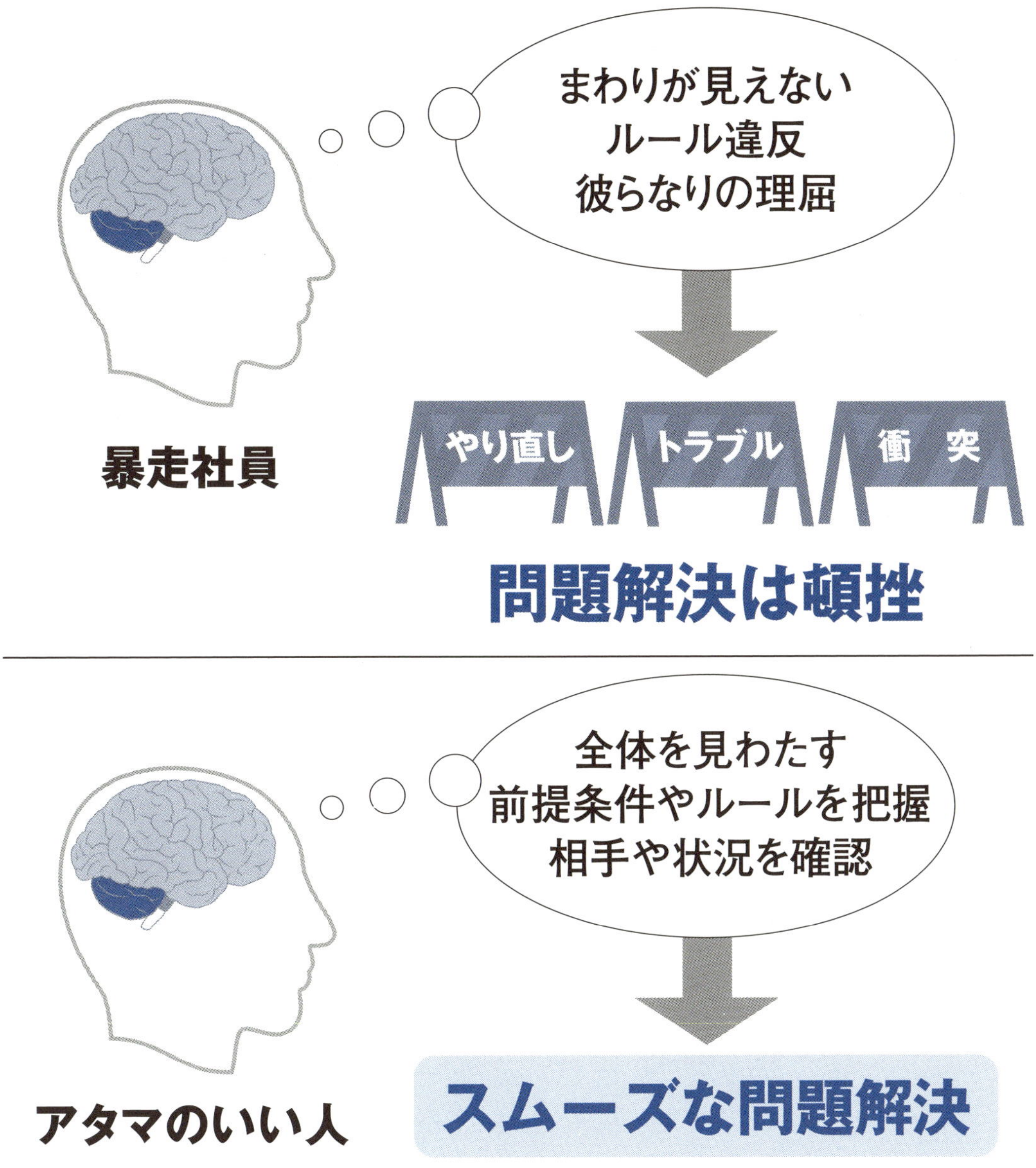

的に答えを導き出せたのです。

しかし、現実の問題には**前提条件**が曖昧《あいまい》とか、明確でない場合があります。先生への謝礼をいくらにするか、どのような知識を得たいのか、何時間くらい勉強会をするのかなど、確認しなければならない前提条件はたくさんあります。

また、**ルール**はテーマや状況によって変わることがあります。とくに新しいテーマに取り組む場合は、前提条件やルールの確認を関係者間で行うことが大切です。

問題解決に取り組む前に、まず前提条件やルールを把握しておく必要があります。あらかじめ**ルール**を把握しておけば、無用なやり直しや組織間の衝突もなくなります。

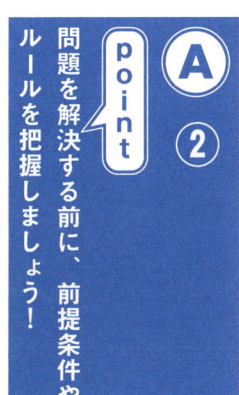

A ② point
問題を解決する前に、前提条件やルールを把握しましょう!

6 原因と結果を正しくつかめば、あなたの「強み」が見えてくる

Q A社とB社は競合する酒造会社です。現在のシェアは、少しだけA社のほうが上回っています。

かつてA社は、日本の市場では馴染《なじ》みのなかった洋酒やカクテルを商品化して売上を大きく伸ばしました。他社に先駆けて新しい分野を手がけ、市場を開拓していく中で培《つちか》った日本人の味覚についての調査や研究実績が強みとなり、次々と新商品を生み出すというブランドイメージが浸透していました。しかし、ここ10年ほど、シェアはジリジリ下がってきています。

一方のB社はというと、独自の技術開発を続け、3年ほど前からヒット商品を出し始めていました。健康志向の商品を開発し、それが消費者にウケ始めたのです。A社がかつて大きく引き離していたシェアも、このままでは数年のうちに逆転されてしまうかもしれません。

そこでA社は経営のテコ入れを図りました。「あくまでもわが社の強みを生かし、豊富な品ぞろえと先進的な商品開発を進めよう」と開発のペースを上げ、多額の資金と人材を投入したのです。しかし、売れ行きは思わしくなく、このままいくと来年にはB社にシェアを逆転されてしまうかもしれない状況です。

さて、A社はどうすべきでしょうか？

①商品開発にさらに資金を集中させる。
②かつての強みが通用しなくなっているので、強みを見直す。
③多様な研究開発に力を分散させる。
④CMなどの宣伝に力を入れる。

問題解決のヒント

成功パターンは因果関係の中にある

人間には、一度成功した解決方法を無批判に繰り返す傾向があります。同じことをすれば、また同じ結果が得られると考えてしまいがちです。

これは「学習効果」という人間の素直な心理の動きです。ですから、A社がかつて成功したことを**「強み」**と認識し、それを繰り返そうと考えるのは自然なことだといえます。

成功体験の中から学べることは多くあります。成功のパターンをつかむことは、競争に勝ち、効率的に仕事を進めるうえで大切なポイントです。

しかし、**原因を正しく認識しないと、間違った（ズレた）因果関係を自分自身に刷り込んでしまいます。**

その因果関係は、外部環境が変化したときには使えない、限定された「成功の条件」なのです。

ソニーがはまった罠《わな》とは？

ソニーは１９６０年代に独自開発した新型ブラウン管「トリニトロン」が大ヒット商品となり、世界トップのシェアを保ってきました。

しかし、近年の市場の動きを見誤り、薄型テレビへの参入が遅れて業績が悪化。２００３年4月には「ソニーショック」といわれる株価下落を招き、ついには国内でのブラウン管の生産から手を引くことになったのです。このソニーの事例は、ブラウン管という**強み**を持つがゆえに、市場の動きへの対応を誤った例のひとつといえる

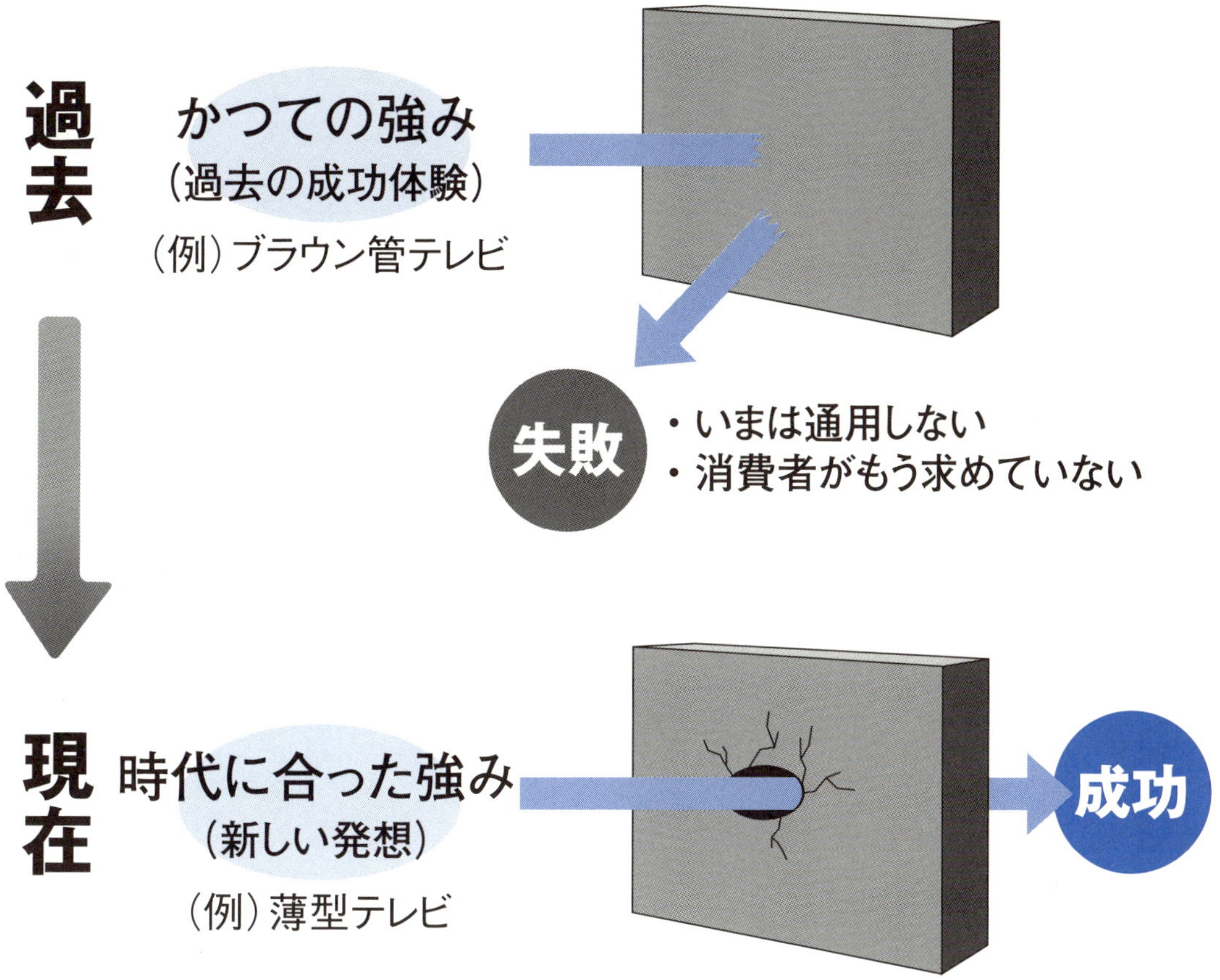

過去の成功体験にしがみつかず、つねに現在のニーズをつかもう！

でしょう。

　ソニーほどの優れた企業であっても、成功体験から来る思い込みにとらわれてしまうことがあります。思い込みを捨てて客観的に見るということは、それだけ難しいことなのです。

　成功体験はとかく美化されやすく、発想の転換を阻んでしまう可能性があります。これを避けるためには、つねに状況を客観的に捉えることが必要です。かつての**強み**は、いまでも**強み**なのか？　顧客はかつて求めていたものを、いまも求めているのか？　**自社の強みが時代の要請に合っているのかどうかを、つねに問い続ける必要があります。**

A ② point

「強み」を生かすことは必要ですが、それがまだ「強み」であり続けているのかどうかを、つねに確認する必要があります！

7 失敗体験は引きずらない！ 先入観やタブーをなくす考え方

Q A社は首都圏を中心にマンション事業を展開する不動産大手企業です。これまで顧客の中心はシニア世代でしたが、若い世代を意識し、都心部での高額マンションの開発・販売を行うことにしました。

担当している事業部の林さんは、この物件の販売のために、インターネットを活用した販促計画を立てました。商品紹介、募集告知などはホームページ上で行い、顧客からの問い合わせなどもEメールで対応。宣伝も従来の新聞広告や折り込みチラシを少なめにしてEメールで行うというものです。

これにより、販促予算は従来より3割安くすることができます。しかし、この案を相談された部長は渋い顔です。

「これ、大丈夫か？ インターネットで商売に結びつく問い合わせが来る保証はない。本当に新聞広告や折り込みを減らしても大丈夫なのか？」

じつは、部長は数年前に苦い経験をしていました。ホームページづくりが一種のブームになったとき、先陣を切ってホームページを立ち上げたのですが、手間もお金もかかるうえに、まったくといっていいほど効果がなかったのです。

さて、部長の考えをどう思いますか？

①経験者がいうことには一理ある。
②部長の話は納得できないが、仕事が進まないので妥協する。
③失敗の原因はネットビジネスそのものにあるわけではない。論理が飛躍している。
④部長に能力がなかったからだ。自分ならそんな失敗はしない。

問題解決のヒント

タブーは時代とともに変化する

「夜にツメを切るのは縁起が悪い」という、昔から伝わるタブーがあります。しかし、環境が変わったいまでは、明るいところでやればとくに問題はありません。

このように、**タブーというものには、理由や原因を省略して、結果だけが伝えられやすい傾向があります。**失敗体験が「禁止事項」をつくり出し、状況が変わってもその禁止事項だけが伝わるのです。

間違った思い込みに縛られていないか？

タブーは迷信や言い伝えだけでなく、企業の中にも存在します。「ネットビジネスは儲からない」「CRMを入れても情報など共有できない」などです。

いまだにときどき見かけるタブーのひとつに、「うちの会社に情報システムはなじまない」というものがあります。大枚をはたいて情報システムを構築したものの使い物にならず、会社の置き物になっている、という手痛い経験をしている会社では、「使えないもの」という思い込みが支配していて、いまでも情報システム導入の話はご法度《はっと》だったりします。

しかし、失敗の理由は別のところにあります。どんな仕事をさせたいのかをはっきりさせないまま開発に踏みきった、仕事のやり方を見直して標準化することなく従来のやり方をそのままシステム化した、といったものです。これらは典型的なパターンですが、本人たちは、その原因をあらためて認識することなく「使えない」という結論に達し、悪い納得のしかた

をして終わってしまったのです。

先入観を捨てればタブーは破れる

失敗当時といまとを比べ、前提条件は同じかどうかを問い直しましょう。前提が違えば、その因果関係は当てはまりません。

失敗体験をタブーにすると、無用なブレーキを踏んで、可能性をみずからつぶしてしまうのです。原因を正しく突き止めるためには、自分の失敗を客観的に見て分析する姿勢が必要です。

先入観や思い込み、慣れを壊すためには、つねに外の世界に触れて、さまざまな価値観や判断基準があることを知る努力が必要です。状況の変化を認識し、思い込みをリセットしましょう。

A ③ point

失敗について短絡的な考え方をせずに、原因をきっちり考える姿勢が必要です！

8 組織やあなた自身の将来を切り開く〝3つの問題意識〟

Q コンピュータシステム会社で営業マンとして働く大塚君には、ここ3カ月通い続けている企業があります。販売管理システムを一新しようとしているその企業に、パッケージソフトを基盤にしたシステム構築を提案しているのです。

その結果、担当者から見積もりを出すようにとの要請を受けました。これまでの商談ではソフトの使い勝手に満足しているようであり、感触は悪くありませんでした。あとは競合相手より安い金額を提示できるかどうかです。

これまでの話から、予算を1億円前後と見込んだ大塚君は、本来9000万円かかるはずのトータル金額から、なんとか500万円を値引きしてもらい、8500万円の見積書を提出しました。

しかし、連絡がないまま2週間が過ぎてしまいました。おかしいと思って訪ねてみると、受注したのは競合相手のA社だったということでした。担当者の感触がよかっただけに、予想外の敗戦に大塚君はがっかりしてしまいました。しかも、じつはA社はこの企業から1億5000万円のシステムを受注していたのです。A社は、なぜ受注できたのでしょう?

①はるかに高機能なソフトだった。
②担当のセールス力が高かった。
③大塚君とはまったく違う画期的な提案だった。
④強力なコネを持っていた。

問題解決のヒント

課題をこなす人と見つけ出す人

大塚君はたしかに顧客に業務ソリューションを提案していますが、販売管理という業務の中にとどまり、安さだけを考えています。

A社の営業は少し違っていました。話を聞くうちに、販売管理の業務フローだけでなく、顧客データベースとの連携などにも問題があるということに気がつき、そこを解消すれば新たなマーケティングアクションが取れることを見出したのです。A社は販売管理業務と顧客データベースのトータルでの提案を行ったのです。

大塚君は与えられた課題を解決しただけですが、A社の担当者は**顧客の見出していない課題を見つけ出して解決策を考えた**のです。

問題意識には3つのレベルがある

仕事のうえで発生する問題は、大きく分けて3つあります。

1つ目は「発生する問題」、いわゆるトラブルです。クレームが発生した、工場のラインが止まった、など突発的に起こります。これは放置できないので必ず問題として取り上げられ、対処がなされます。ただし、その対処は原状回復のためであり、この手の問題を解決しても現状はよくなりません。つまり**「守りの問題」**なのです。

これに対して2つ目に「発見する問題」があります。「不良品の発生率が高い」などの慢性化した問題です。慢性化した問題は取り上げられなくなる危険がありますが、こうしたところの改善に取り組むと状況をよくすることができます。

3つ目は「創る問題」です。問題というより、「さらなる成長のための課題」というほうがふさわしいでしょう。やらなくても、いままで通り仕事は回っていきます

問題には3つのレベルがある

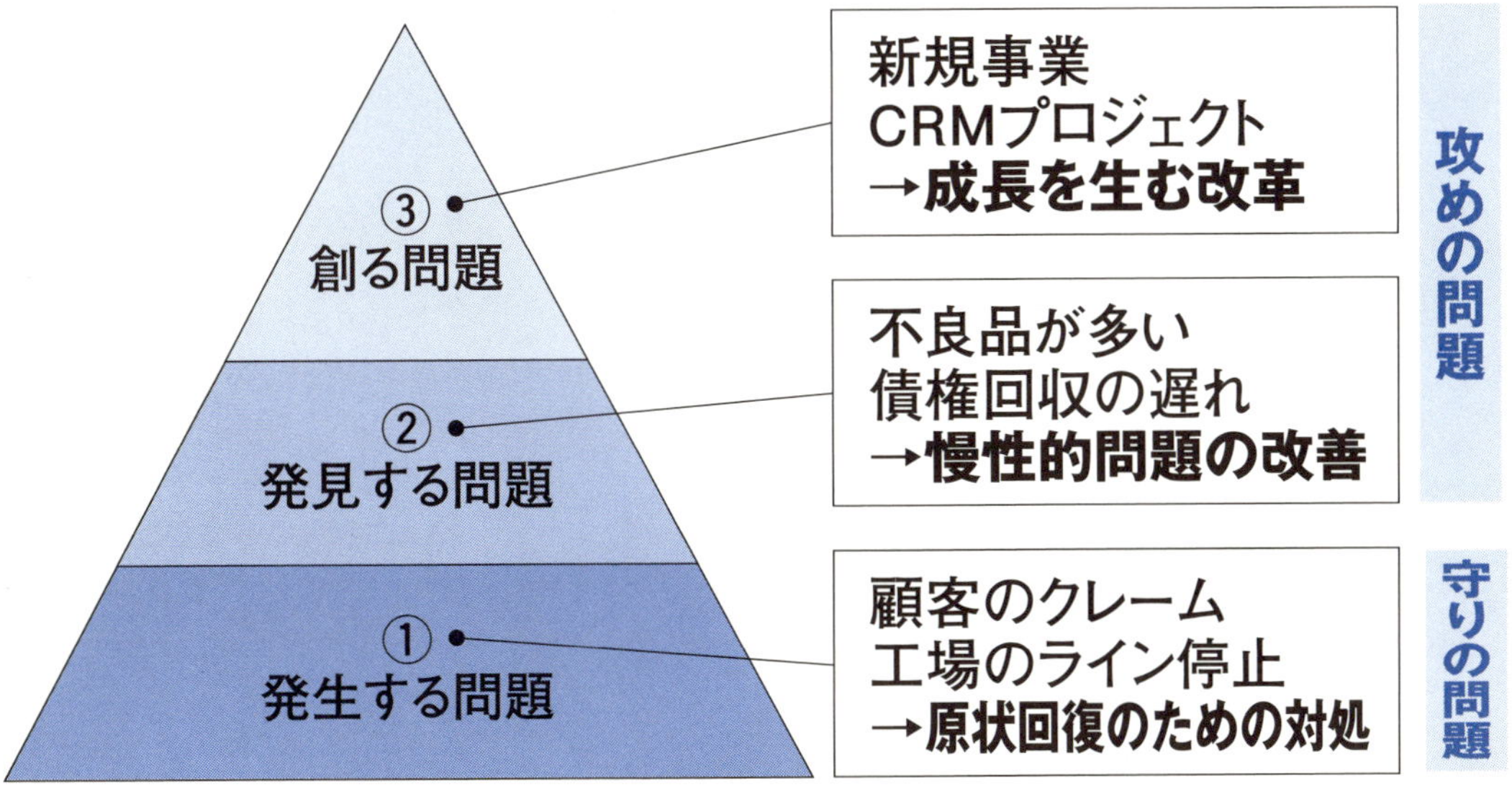

「攻めの問題」に取り組んで将来を切り開く人材になろう！

が、これを発掘して取り組めば、新しい可能性を生み出すことができます。

「攻めの問題」で現状が飛躍的に変わる

「発見する問題」と「創る問題」は、取り組むことで現状を変えることができる「攻めの問題」といえます。攻めの問題にチャレンジしてこそ、組織も人も成長します。

これから求められるのは、将来を切り開く力を持った人材です。現状の事業の枠組みを維持するだけではなく、新しい可能性を生み出せる力が必要です。これからの人材に求められるのは、**攻めの問題**を発掘する力と、それを解決する「問題解決力」なのです。

A ③

point

「守りの問題」よりも「攻めの問題」に取り組み、解決できる人材が、組織を成長させ、自分自身も成長できます！

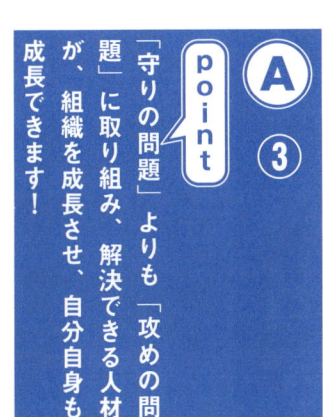

9 「組織の問題」を「自分の問題」として捉え直せば、あなたが状況を動かせる

Q A社は総合家電メーカーです。その中でもパソコン事業部は赤字スレスレの状態です。長く続いたデフレと、中古パソコンが市場に入ってきたことで、苦しい状況が続いています。

このままでは立ち行かなくなる、ということを多くの社員が漠然と感じており、さまざまな問題意識はあります。しかし、実際の社員の行動は、毎日の自分の仕事を遂行することに熱中するだけで、組織としての動きが鈍いのです。改善案を提案すれば、

「気がついた者がやってくれ。みんな忙しいんだから」

といわれてしまうのが明らかなので、誰も何もいわなくなってしまったのです。

かくして、非効率な仕事の進め方は今日も繰り返されています。

あなたがこの会社の社員なら、どう思うでしょうか？

①言い出しっぺが損をするぐらいなら、何もいわないほうがいい。
②大変そうだが、自分ひとりでも改善をめざして動く。
③別の会社を探して転職する。

問題解決のヒント

「他責の姿勢」では現状は変えられない

問題が慢性化している状態では、多くの人が同じ問題の存在を感じています。ただ、この時点では「感じている」だけであり、きちんと把握しているわけではありません。また、積極的に取り組まなくても、とりあえず日々の仕事は回っているから、オペレーションに意識を埋没させてしまいがちです。こうした状況からは、現状をよくしようという動きは生まれず、組織も人も成長しません。

「なんとかならないのかなあ」と問題を感じたとき、責任転嫁したりあきらめたりしていませんか？ たしかに、多くの問題はひとりでは解決できないものです。原因が自分たちだけでなく、他部署にもかかわりのあることだとなおさらです。進め方を間違えると、孤軍奮闘になって玉砕してしまうことになりかねません。

しかし、**他責の姿勢でいる限り、問題は永遠に解決しません。主体的に「自責の問題」として捉えないと、問題を解決することはできないのです。**それには当事者意識と責任感、プライドが必要になります。問題から逃げずに、「自分の立場で解決するにはどうすればよいか」と考えることによって、**自責の問題**として捉えることができるのです。

仕事はやらされるものではなく、自分からやるものと考えよう

やらされる仕事よりも、自分からやる仕事のほうが楽しいに決まっています。楽しければ、エネルギーをつぎ込むことは苦にならないものです。

「なんとかならないかなあ」ではなく、「なんとかしよう」と考えてみましょう。**状況に振り回されるのではなく、「自分が状況を動かしている」という実感があれば、仕事の充実感も満たされます。**これが「問題発掘力」と「問題解決力」を持った人材へのスタート地点なのです。

問題解決のスキルは誰でも身につけられる

問題解決は、これまでの日本では教育の場に登場する機会があまりありませんでした。「問題を解

他責の姿勢

「なんとかならないかなあ」
責任転嫁
あきらめ

↓

状況に振り回される

自責の姿勢

「なんとかしよう」
当事者意識
責任感・プライド

↓

状況を動かす

他責の姿勢でいる限り、問題は永遠に解決しない！

決するのに一番大切なのは人望である」と考えられ、問題解決力は個人の資質と思われていたからです。

しかし、欧米のビジネススクールでは、問題解決をビジネススキルとして学んでいます。何が問題かを読み解き、どうやって解決するか、という基本的な流れを身につけているのです。

スマートで論理的に問題解決を進めることができれば、みんなを納得させ、人間関係にもしこりを残さなくなります。問題を発掘し、解決する能力は、どんな職業・業種にも通用する汎用スキルなのです。

A 好ましいのは②

point

組織の問題を「自責の問題」として捉え、当事者意識を持って取り組めば、「自分が状況を動かしている」という充実感とともに仕事が楽しくなります！

10 スムーズな問題解決は「問題発見」から始まる

Q S高校野球部の主将である高橋俊介には、多くの悩みがありました。

まず、弱いことです。練習試合ですら、ほとんど勝てたためしがありません。部員にも勝とうという意気込みがなく、「とりあえず野球ができればいいや」というのんびりした雰囲気です。

そして致命的なのが、野球部の人数が減り続けていることです。ほかの部に頼んだ助っ人が活躍して勝ったりすると、レギュラーのメンバーはかえってやる気をそがれ、練習にも気合が入らなくなってしまいます。まさに悪循環です。

部の強化のためには、新入生の勧誘しかありません。しかし、実際に集まった入部希望者はたった2人。人数不足で廃部の危機に瀕した野球部。八方ふさがりの俊介は何をすべきでしょうか?

①一番大きな問題は人数が足りないことなので、勧誘を続ける。
②人数が足りないことが問題なのか、勝てないことが問題なのか、よく現状を確認してみる。
③人数を増やすのはむずかしいので、いまいるメンバーを鍛える。
④新入部員の勧誘とメンバー強化の両方を並行して進める。

問題解決のヒント

問題はひとつでも、問題点はいくつもある

現実の社会における問題は、さまざまな要因が絡まり合っています。複数の要因が悪循環のループになっていたり、原因と問題が複雑に絡まり合っていたりすると、どこから手をつけていいのかわからず、途方に暮れてしまいます。

通常、人間は「なんとかしなければ」と問題を漠然と感じている段階で「自分は問題を認識している」と思っています。しかし、この段階では問題の存在に気づいているにすぎません。原因がどこにあって、ほかにどんな問題と関連しているのかまで見えているわけではありません。**認識が曖昧なまま問題解決に着手しても、表面的な対処に終わり、根本からの問題解決はできないのです。**

解決の前に、まず「問題発見」を

学校の問題やクイズ問題が解きやすいのは、あらかじめ「これが問題だ」ということがわかっていて、あとは問題解決のルールを当てはめてやれば、すぐに正解を導き出すことができるからです。

しかし、現実社会の問題は、明確に「これが問題だ」という姿をしていません。よほど大きな問題やトラブルであれば誰の目にも明らかですが、発見する問題、創る問題となってくると、そもそも何が問題かをはっきりさせるところから始めなければなりません。

問題を解決するためには、まず問題は何かをはっきりさせる**「問題発見」**が必要なのです。しかし、ここをおろそかにしてしまっているケースが非常に多いのです。

現実の問題は、原因と結果が入り交じっているものです。ただ、多くのケースにおいて、根本原因の数はそう多くありません。一見、問題だらけのような状況であっても、一つひとつを見ていくと、ある問題が別の問題を生み出していたり、問題だと思っていたことが原因だったりと、相互に関係を持っていて、対処しなければならない問題点の数は見た目よりずっと少なくなります。

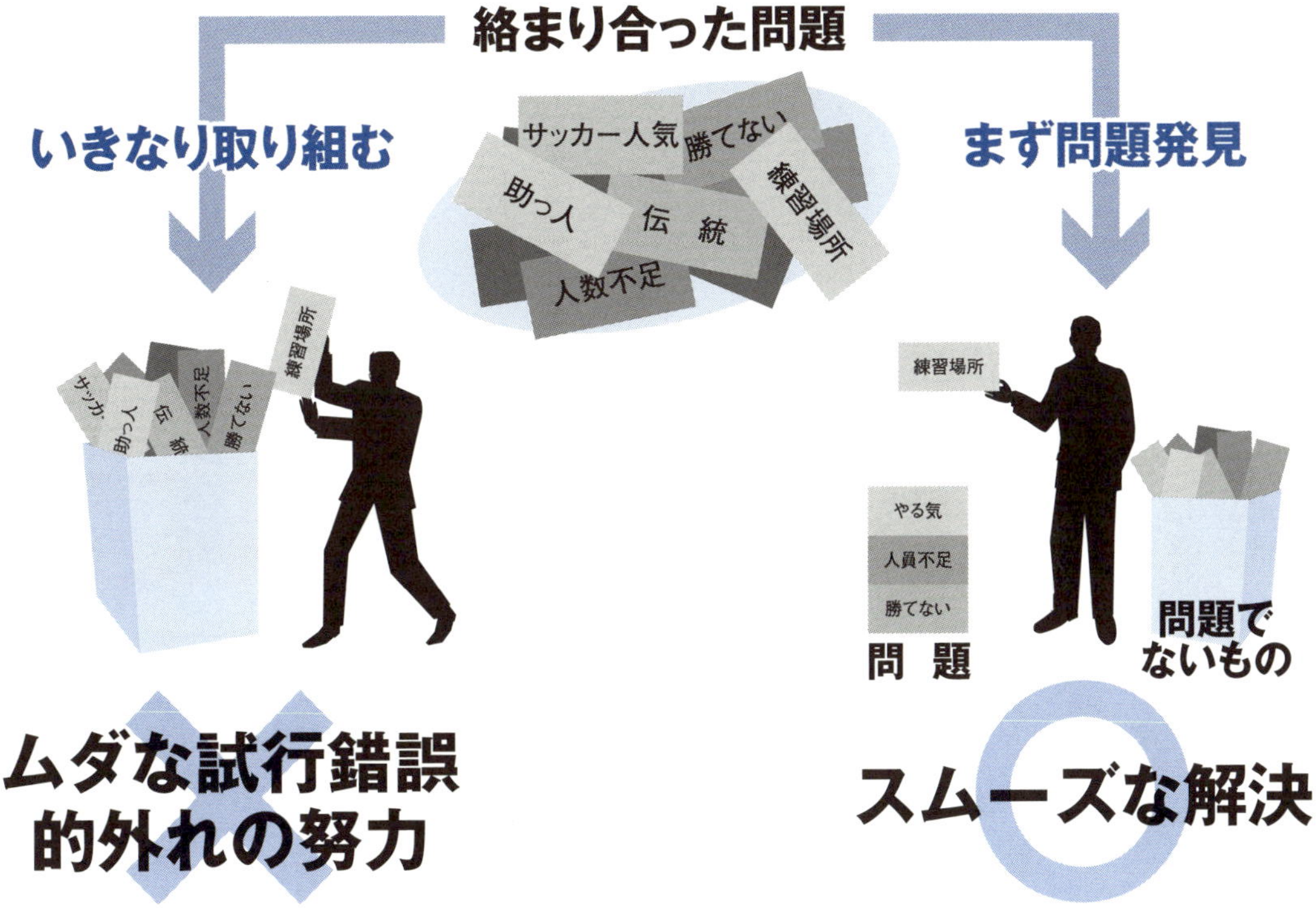

しかし、じつは何を解決すればいいのかという「課題」を導き出すこの課程が最も大切なのです。問題点を洗い出して原因を探るだけでは「課題」までたどり着くことはできません。情報を集めたり、現状を分析したり、解決に少し着手してやっと見えてきたり、という段階を経て、ようやく「解決すべき問題」にたどり着くのです。

何が問題かということをいったん発見してしまえば、あとは比較的スムーズに進みます。解決に至るまでの作業は大変かもしれませんが、無用な試行錯誤を繰り返すリスクはぐっと減ります。何が問題かを見きわめないで努力しても、的外れの努力をすることになってしまいます。

A ②

point

まず「対処すべき問題は何か」をはっきりさせる「問題発見」から始めましょう。

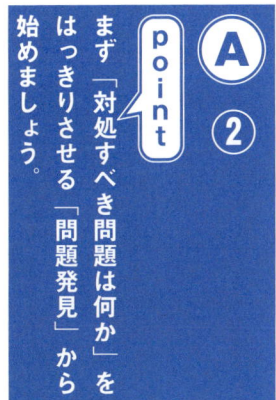

11 建設的な話し合い その1・問題はメンバー全員で共有しよう

Q 野球部主将の俊介には、もうひとつ大きな悩みがあります。いままで監督だった熱血漢の体育教師が4月に転勤となり、牧野という若い新任の物理教師が後任になったことです。野球未経験の女性で、とても監督としての技術指導は望めません。

危機感を覚えた俊介は、野球の技術を自分たちで磨いていこうと決意します。まずは練習の強化のため、これまでの放課後練習に加えて週2回、授業前の朝の練習（朝練《あされん》）を行うことにしました。

ところが、2週間ほどたって、一部の部員が「なぜ、朝練が必要なのかわからない」「勉強と両立できない」などと、部をやめたいと言い出したのです。

朝練といっても週2回、いつもより1時間早く学校に来るだけのこと。主将の俊介は、そんなに負担をかけているつもりはありません。それに、新監督の牧野を見ていてなんの危機感も持たない部員がいることに、俊介は落胆してしまいました。

週2回の朝練がきついと感じる者も平気な者もいて、新監督が問題だと感じる者もそうでない者もいます。同じ事象が人によって問題になったりならなかったりするのは、なぜなのでしょうか？

①やる気のレベルが違うから。
②それぞれ個人の資質が違うから。
③期待する水準が違うから。
④問題意識の高さが違うから。

問題解決のヒント

人間が「問題」と感じるメカニズム

人間は、比較することで問題を感じるようになります。自分の期待と現実の「食い違い」に気がついたとき、「これは問題だ」と感じるのです。

たとえばスーパーで１００円の大根が店頭に並んでいたとします。この店だけを見た人は「安いな」と思って買っていくでしょう。しかし、直前に別の店で90円の大根を見た人は「高いな」と思い、手を伸ばすのをためらうはずです。

一度、90円という値段を見たあとでは「90円で大根を手に入れられるのが最も望ましい状態だ」と思うようになり、１００円の大根しか手に入れられない状況は「問題だ」と感じるようになるのです。

このように、**問題とは、期待として描いている「あるべき姿」と「現実」とのギャップから生まれる**ものなのです。

「あるべき姿」のズレ

人によって「期待値＝あるべき姿」が異なりますから、同じ現実を見ていても、問題に感じたり感じなかったりします。野球部のケースでも、俊介の**問題意識**の高さに対して、ほかの部員たちは期待値と現状にそう大きな差がないから、問題の感じ方にズレが生じるのです。

同じ会社の社員であっても、経営者、管理職、平社員などの立場によって**問題意識**が違うケースは多いでしょう。

組織の中で**問題意識**にズレがあるケースでは、「現実」に対する認識のブレも原因になりえます。とくに会社の経営や、組織の運営状態など、物理的に目に見えないものは認識がブレやすくなります。たんに「同じ職場にいるから」と

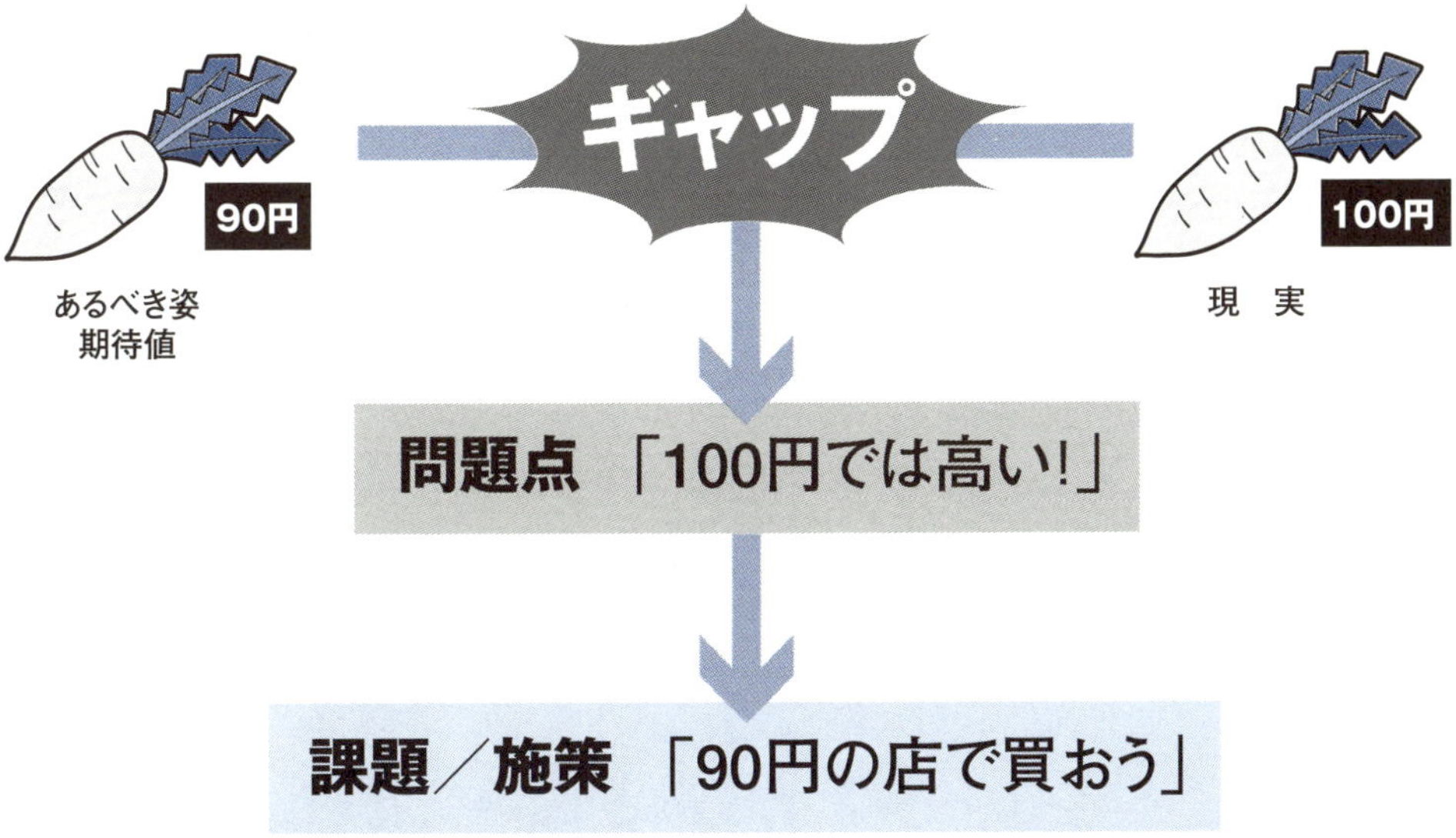

問題は、「あるべき姿」と「現実」とのギャップから生まれる

いうだけで認識が一致するとは限らないのです。

問題意識の統一がすべての出発点

問題解決で挫折してしまうケースを見ていると、一部の人は大きな問題を感じて一所懸命に取り組もうとしているのに、一方ではまったく問題を感じていないか、感じていても**問題意識**が希薄という状態をよく見かけます。

組織の中で問題意識を共有しなければ、問題解決には取り組めません。問題を問題だと感じていない人に対処させることはできませんから、問題をメンバーで共有するということが出発点になります。

これを差しおいて、すぐに解決策に飛びついてはいけないのです。

A ③ point

問題意識を組織内で一致させることが、解決への出発点となります。

12 建設的な話し合い その2・「共通目標」があれば議論が前に進み出す

Q 朝練をやめるのか、続けるのか、緊急ミーティングが開かれました。朝練を拒否した部員に対する攻撃と非難、朝練反対派の主張……それぞれの立場から真剣な発言が続きます。繰り返される議論に少し疲れて言葉が途切れてきたころ、じっと話を聞いていた新監督の牧野が口を開きました。

「今日の話を聞いてみて、みんながいろんなことを真剣に考えているのはわかったわ。でも、議論が堂々めぐりになってない？　朝練だけの問題じゃないわよね。このままじゃ先に進まないわ。まずは、（A）を考えたら？」

さて、牧野は（A）で、なんといったのでしょうか？

①自分たちがどうありたいのか
②どんな練習をしたらいいのか
③いますぐ手をつけられることは何か

問題解決のヒント

「あるべき姿」を一つにする重要性

組織の問題を解決するためには、メンバーが問題意識を共有しておく必要があります。問題意識がバラバラのまま有志だけで進めても、問題を感じていない人は動かないので、それが新たな障害となってしまうのです。

技術向上という課題の解決策として「朝練」を考えた俊介に対し、一部の部員がそれに理解も同意もしなかったので、当初の目的を達成することができませんでした。

似たようなことは、ビジネスの場でもいたるところに転がっています。対処を実行しても、メンバーが納得して協力しなければ、問題解決は頓挫《とんざ》します。仮にメンバーが従っても、表面だけの協力では本質的な解決に結びつきません。

問題を解決する前には、メンバーが同じ事象を「問題」と認識しなければなりません。そのためには「あるべき姿」を確認することが必要なのです。

ビジネスでいえば、「あるべき姿」とは、「こういう会社にしたい」というイメージです。自分たちの会社がどうなればいいのか、望ましいと感じる状態やイメージが共有されていなければ、どこをめざして仕事をすればいいのかわからなくなってしまいます。

「あるべき姿」は会社全体の共通目標となります。会社のすべてのエネルギーは、この共通目標に投入されなければなりません。「あるべき姿」を達成するために、プロジェクトが組まれたり、利益などの数値目標が設定されたりします。

数値目標はあっても、「あるべき姿」をきちんと持っていない企業が数多くあります。「あるべき姿」に数値目標を含めることも多いのですが、たんなる計数計画だけでは、「あるべき姿」としては不十分です。

何をめざして努力するのか、それは非常に大切なことです。最終目標だけでなく、何をめざして仕事をすればいいのかの判断基準もないとなると、組織は迷走し始めます。

朝令暮改に振り回されている会社は「あるべき姿」を見失っています。競合他社や顧客に振り回され、試行錯誤の連続になっている結果、トラブル対応ややり直しに追われ、毎日が忙しくなります。

組織の問題解決には、共通の目標を持つこと

しかし、よく見ると、同じところをグルグル回っているだけ、ということになってしまうのです。

“ちょっと高め”の目標がやる気を高める

企業にしても個人にしても、**「あるべき姿」はちょっと高めに設定するのが理想です。**メンバーが前向きに取り組めるような意欲をかき立てるもの、志《こころざし》として機能するものがよいでしょう。織田信長が天下統一をめざして掲げた「天下布武《てんかふぶ》」、あるいはソニーの「日本再生」などはよい例です。志を掲げるだけでなく、明確にコンセプトを提示することも大事です。組織における目標の共有化には「あるべき姿」が欠かせないのです。

A point ①

問題意識を共有するためには「あるべき姿（最終目的）」を確認することが必要です。

13 建設的な話し合い その3・誰かの「判断」と客観的「事実」を区別しよう

Q

激しい言い合いで熱くなっていた部員たちも、時間をおくと少し余裕が生まれました。牧野が問いかけた通り、たしかに「どんなチームになったら、自分たちは野球部に満足できるのか」ということはほとんど話したことがありませんでした。

どうすれば練習が楽しくなるのか、どうしたら面白いと思える野球部になるのか、ただ強ければいいのか、楽しければいいのか、それがはっきりしていないことに気がついた俊介は、次回の練習をミーティングにあてました。

話し合いの結果、部員たちが出した結論は、「個人もチームもともに成長しているという実感が持てる野球部であること」でした。

「それじゃ、成長してるっていう実感を持つためには、何が必要なんだろう?」

俊介のこの問いかけに、部員たちの意見はふたたび割れました。

「やっぱり、基礎トレーニングがないと成長の持続はできないよ」

「結局、朝練？　勘弁してくれよ」

「うちのチームは丁寧にバッティングの技術を磨いたほうがいいんじゃないか？」

「お互いにライバル意識を持つことも大切だと思うよ」

「何かに打ち込むっていう感覚が必要じゃないかな」

議論の過程でまた意見が割れてしまいました。このままでは、みんなの気持ちがまたバラバラになってしまいます。

俊介は、次に何をすればいいのでしょうか？

①とりあえず試行錯誤をすることも必要だ。いろいろな意見に従って実行してみる。

②全員の納得する方法を、よく話し合って決める。話し合いで決められなければ多数決を取る。

③自分たちにできていること、できていないことを、よく見きわめる。

問題解決のヒント

現状認識のブレをなくそう

「あるべき姿」が共有化できた時点で意識の共有化もできたように思ってしまいがちですが、ここですぐに解決策に飛びついてはいけません。基本的な情報をきちんと押さえておくことが問題意識のズレを防ぐのです。

現状認識がバラバラだと、この野球部のように意見がかみ合わずに終わってしまいます。問題は「あるべき姿」と「現実」とのギャップから生じるため、**現状認識でメンバーの間にブレがあると、それが問題意識のズレを生み出します。**

現状がわかっているか、と問われると、「いま、自分たちがどういう状況にあるかぐらいわかっているよ」と思ってしまいます。しかし、実際には、見えているようでも、いざ聞かれると、**現状**を正しく認識できている人は少ないのです。

「事実」と「判断」を区別する

現状を把握するときの注意点としてもうひとつあげられるのは、「事実」と「判断」を区別して認識しなければならないということです。人間はいつも自分なりのフィルターを通して現実を把握していますから、同じものを見ても感じ方や判断が異なってきます。判

現状認識がバラバラ

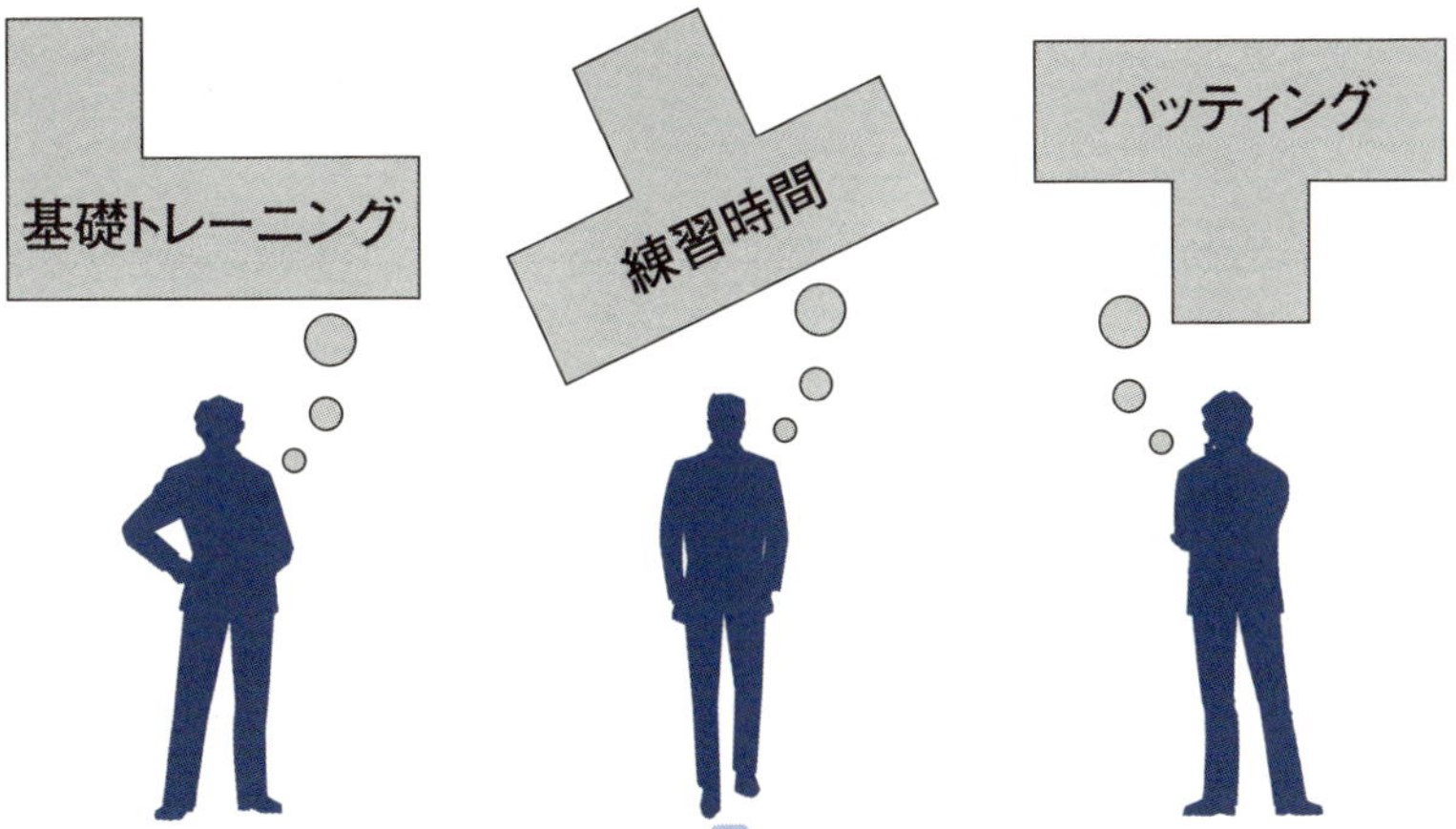

現状認識を共有

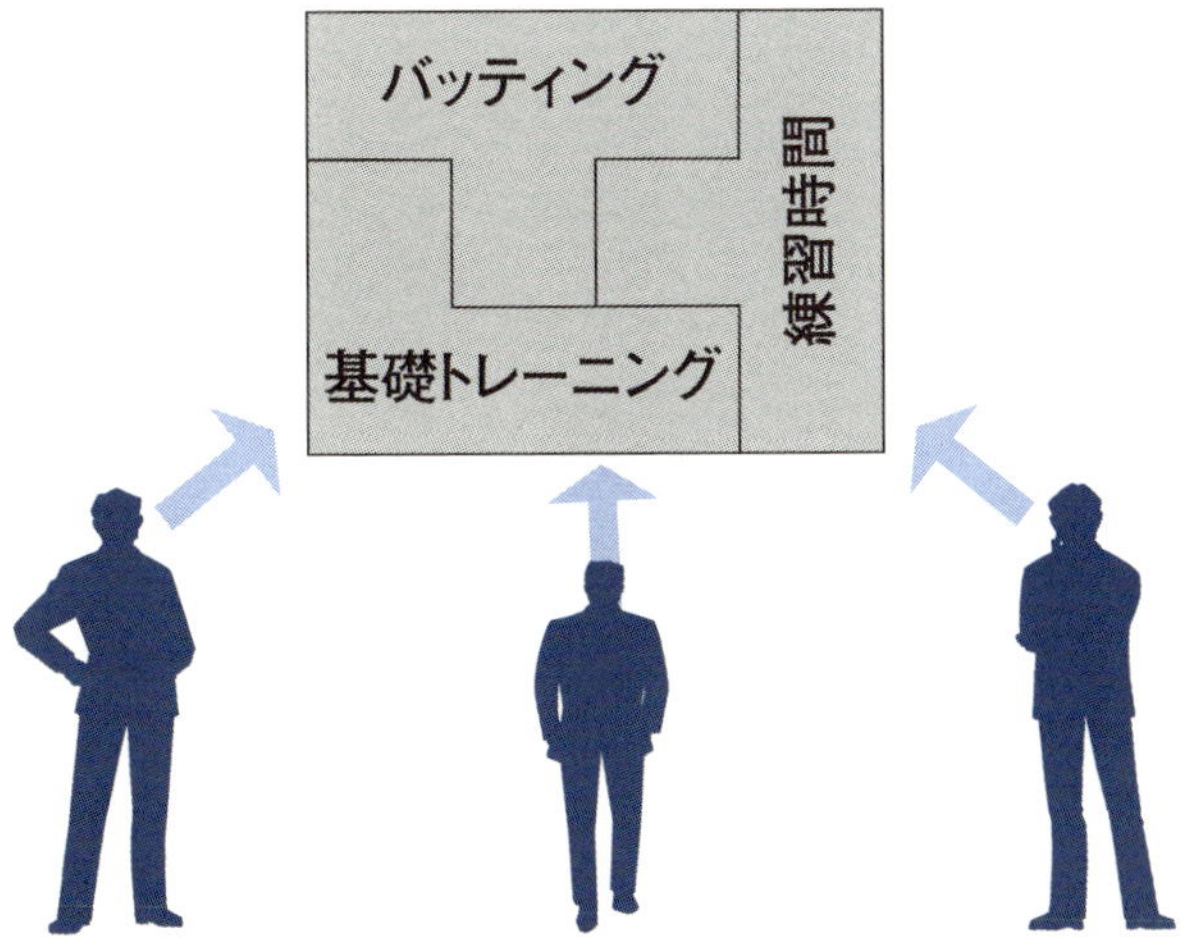

「事実」と「判断」を区別して正しい現状認識をしよう

断の中には事実からの推定も含まれますが、これは事実ではありません。

　普段、人間は事実と判断をあまり区別せずに使っています。人に何かを伝えるときも、事実と判断が混じった話し方をしたり、どこからどこまでが事実なのかがわからない文章を書いたりする人がたくさんいます。

　事実と判断を区別して認識しましょう。また、人に伝えるときも、どこからどこまでが事実で、どこからが判断になっているのかを正しく伝えましょう。その際、数値化できるものは極力数値で表現すると、曖昧さがなくなって事実が認識しやすくなります。これが正しい**現状認識**の第一歩です。

A ③ point

「あるべき姿」と同様、メンバー全員が「現状認識」を共有することが必要です。

14 建設的な話し合い その4・問題点を出し尽くすブレーンストーミング

Q 「まずは自分たちが、いま、どのレベルにいるのかを知ろう」。そう考えた部員たちは、それぞれ気づいた問題点を出し合い始めました。この様子を見た牧野は、ミーティングで自分たちの問題点を出し合い、記録するよう俊介にすすめました。

　最初のうちは「弱い、勝てない」「新入部員が入ってこない」など、誰でもわかっている問題点ばかりでしたが、牧野が「どんなレベルの低いことでもいい、問題点をたくさんを出すのがいい」といったため、「かわいいチアリーダーがいない」「マネージャーが怖い」といったものまで、最終的には100項目ほどあがりました。本音を出し合ったせいか、部内に笑いが起こり、わだかまりの気持ちがだんだん消えていきました。

　やがて、どう考えてもダブる項目が出てき始め、部員たちは自然と似たもの同士を並べ替えて問題点を整理し始めました。

「問題だらけだな。こんなにたくさん、どうすればいいんだ？」

　さて、俊介は、次に何をすべきなのでしょうか？

①まず項目ごとに解決策を考える。
②対処しやすいものを見つけ、そこから手をつける。
③問題点の相互関係を考える。

問題解決のヒント

いま見えている問題は氷山の一角かもしれない

　問題は、大きく見えるものが重要とは限りません。むしろ、重要な問題の多くは隠れています。いま見えている問題は氷山の一角かもしれないのです。

　解決の最中にもっと重要な問題が出てきてやり直しが発生するという事態を避けるためには、まず、問題を洗いざらい出しきることが一番の早道です。野球部のケースでも、牧野が「何でもいいからたくさん出せ」と誘導しています。

　一見、ささいに思われることや言い出しにくいことの陰に大きな問題が隠れていたりします。どんなにつまらないことでも、とにかく**判断や評価はあと回しにして、考えられる問題をいったん徹底的に出しきることに集中します**。

　野球部が使ったこの手法は、**ブレーンストーミング**（44ページ参照）という会議の進め方です。通常は新商品開発のアイデア出しなどに使われますが、意見を出し合う過程で現状認識やあるべき姿の共有ができるので、問題発掘にも大変有効です。

　また、問題を言い尽くすことで「ガス抜き」ができ、一緒に解決しようという前向きな気持ちが生まれる効果もあります。

　ブレーンストーミングをやると、問題の数はとても多くなります。しかし、対処できる数には限りがあるので、効率的に進めるには、問題を整理してから取り組まなければなりません。

　やらなくてもいいものや、重要度の低いものはあと回しにして、解決しがいのある問題から取り組むことになります。

重要度評価と分類で問題点を整理しよう

　この野球部のケースはそれほど複雑ではないため、単純に問題点の分類（グルーピング）で整理を行っています。しかし、実際のビジネスの場面では、「重要度評価」と「分類」の2つを実行すること

ブレーンストーミングの効用 その1

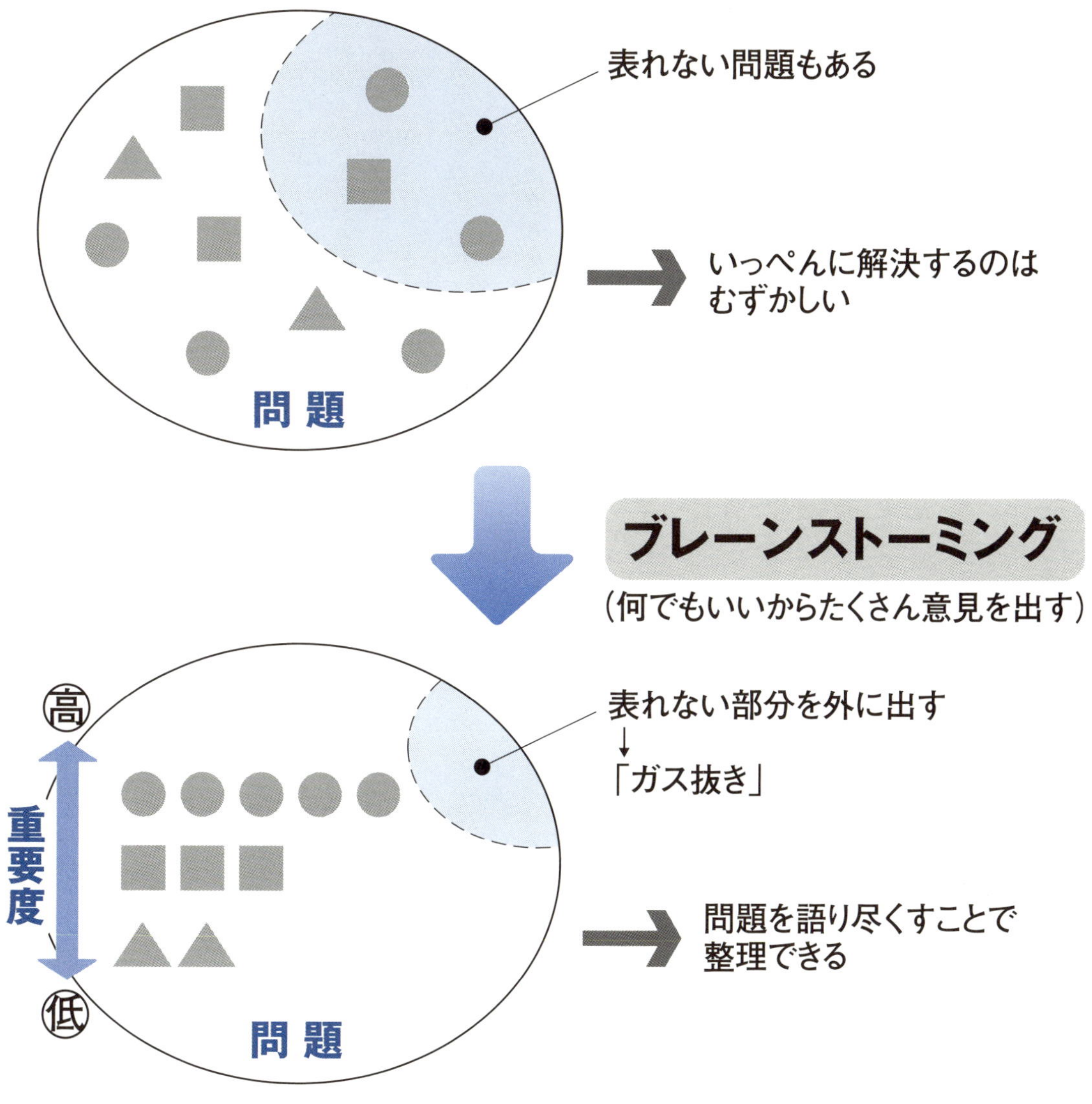

をおすすめします。重要度評価は、優先順位をつけていくうえで大切です。**重要度評価をメンバー全員で行えば、「何が重要か」を全員が確認することができ、意識の共有化につながります。**

ブレーンストーミングでは、記録を取ることが必須です。問題点の洗い出しにしろ現状把握にしろ、頭の中だけで「こうするとこうなる」「この原因はこれだ」と考えても、無意味にアイデアが放散してしまいます。

これを防ぐためにも、現状分析は数値や文章で明確化する、列挙された問題点についても記録していく、などということが必要になります。

A ③ point

問題点を把握しただけでやみくもに対策に着手しても、モグラたたきになります。重要度の高い問題点から取り組みましょう。

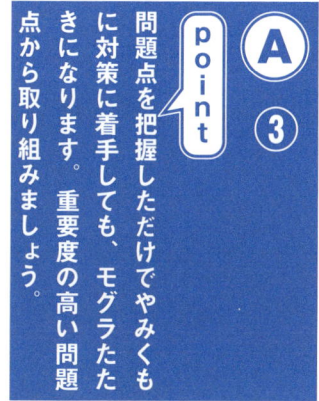

15 問題の「原因」にさかのぼるだけで有効な解決策が浮かび上がる

Q 整理された問題点を眺めているうちに、俊介は、「これが解消されれば、こっちの問題は自然消滅する」という関係に気がつきました。

たとえば、「負けるたびに気持ちがめげて、やる気が失せる」という問題は、勝てれば自然消滅することです。また、「勝てない」という問題は、技術が向上すればかなり軽減されるはずです。

つまり、因果関係が存在するのです。そこに気づいた俊介たちは、根本的な問題は「場所」「時間」がきっかけで始まり、「スキル」「判断力」が重要なポイントになっていることを見出しました。

そこで、「チーム練習ができない」「スキル・判断力の向上」という2つの大きな課題を解決すると、状況がかなりよくなることが期待されました。

しかし、どうやって広い練習場所を探せばいいのでしょうか？ 高校生の俊介たちには、できることとできないことがあります。広い場所を確保するという話は現実的ではなく、またしても俊介たちは行きづまってしまいました。どうすればよいでしょう？

①現実の解決策が考えられないものには、結局は対処できない。「いま、自分たちにできること」を一覧表に書き出してみる。
②場所の問題は、生徒たち自身がどうこうできる問題ではない。教師の牧野が対処すべき問題だ。
③練習場所が狭いことが問題だろうか。広くできれば本当に解決するのだろうか。問題発生の原因を、もう一度深く掘り下げて考えてみる。

問題解決のヒント

根本的な対策を立てるには原因究明が必須

問題解決をするためには、応急処置ではなく、根本からの対策を取ることが必要です。そのためには、一番の大元になっている問題点を探し出し、それに対処していかなければなりません。

俊介たちも問題点同士の相互関係を洗い出して解きほぐすことができました。しかし、その解決策が自分たちの手に余り、行きづまってしまったのです。

原因を無視した対策は時間とコストの浪費

多くの人は、**原因**を考える前に対策を考えてしまいます。うまくいかないと、やみくもにやり方を変えてみたり、やらなくてもいいような大がかりな対策に走ってしまったりします。

身近な例でいえば、家電製品の調子が悪いときに「たたいてみる」「電源を抜き差しする」などしてしまった経験はないでしょうか。

しかし、こうした行動は最近ではあまり役に立たず、かえって内蔵のコンピュータを損傷したりして、致命傷になってしまうこともあります。

原因を考えずに対策を先に考えると対策の空振りが多くなり、時間とコストの浪費になってしまいます。**対策を考える前に原因を究明する習慣をつけましょう。**

「問題点の裏返し」をなくすには

原因を調べずに短絡的に導き出してしまう解決策のひとつに「問題点の裏返し」があります。「売上が伸びないから、売上を伸ばそう」といったパターンです。

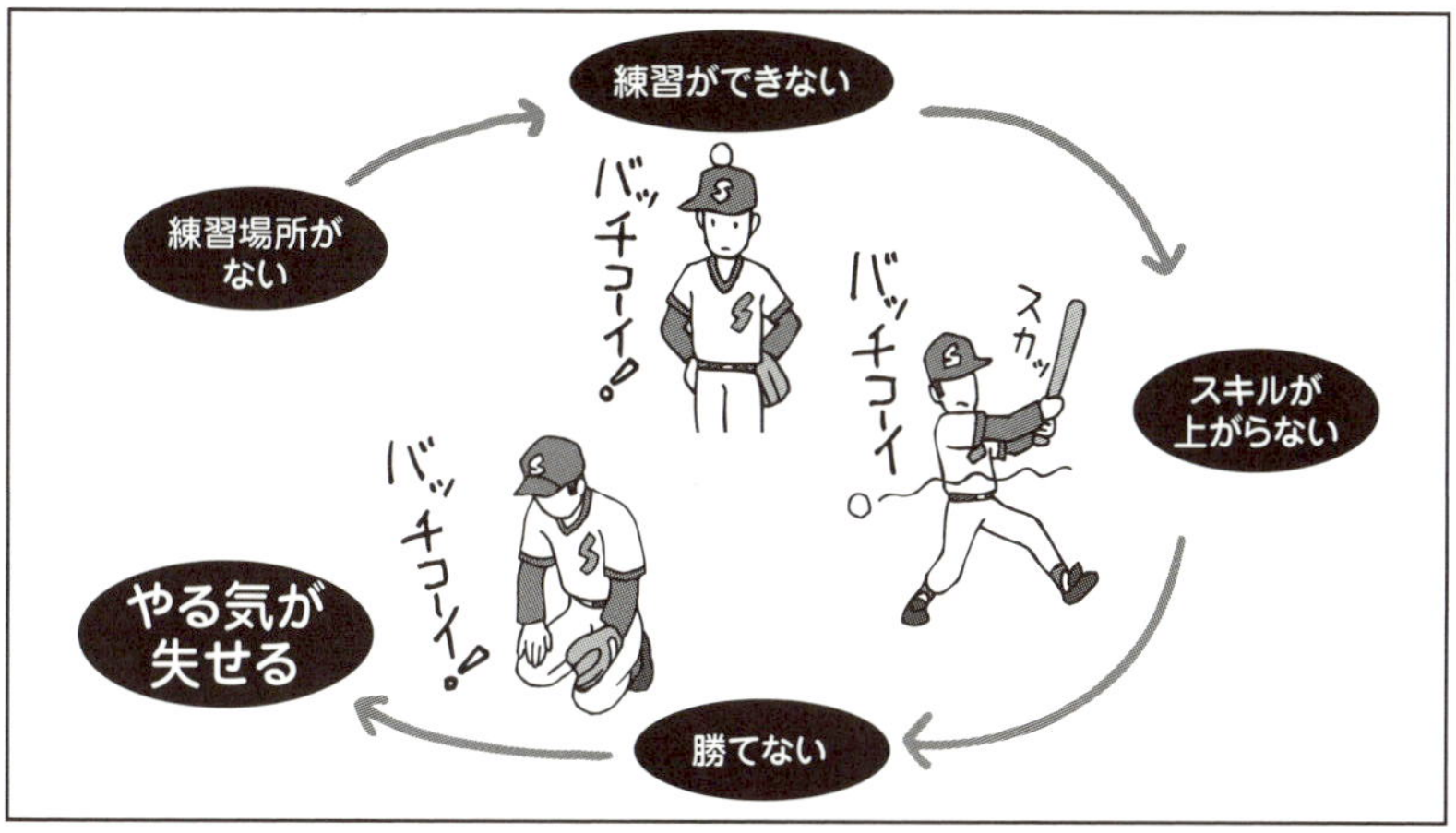

悪い例		
問題点・現状	原因(Why)	解決策
チーム練習ができない	→	チーム練習ができる広い場所を探す
判断に迷うことが多い	→	判断力を養う

良い例		
問題点・現状	原因(Why)	解決策
チーム練習ができない	場所がない。他の部と校庭を分け合って使わなければならない	練習日を調整し直す 広い場所を探す
判断に迷うことが多い	判断する場面を経験していない 練習ができない	チーム練習を行う

原因究明を踏まえることで、効果的な対策を立てよう

こういう考え方をした場合、「とにかくがんばろう」という体力勝負の解決策に頼ってしまいがちです。しかし、これではなんの解決にもなりません。

野球部の問題にしても、「広い場所がない」から「広い場所を探す」というだけでは、有効な解決策にはなりません。

問題点からいきなり解決策に飛ぶと、「問題点の裏返し」の解決策しか出てきません。この飛躍をなくし、**確実に原因究明を行うには、「問題点―原因―解決策」を一覧表にして整理するといいでしょう。** **原因究明**がなかったり曖昧だったりすると、効果的な対策は立てられません。

A ③ point

問題点から解決策への飛躍をなくし、原因究明を踏まえた有効な解決策を見つけましょう。

16 前提条件やルールを取り払うことで現状を打破できるアイデアが生まれる

Q 野球部にとって大きな問題点のひとつは、「場所の問題」、つまり、チーム練習が十分にできるような広いスペースを確保することができないことだということがわかりました。どこかのグラウンドを借りようという案も出ましたが、料金を誰が支払うのかという問題が指摘されて却下されました。

そもそも、なんでいまの狭い場所で練習することになったのかを考えると、校庭を使う部活動が、野球、サッカー、ラグビー、陸上の4つあり、それぞれが週3日ずつ練習できるように練習日が割り当てられて決まっているからです。野球部だけが練習スペースを広げるために調整し直してくれと提案しても、状況は簡単には変わりそうもありません。

議論によって、「チーム練習ができない」という問題点の原因や背景が少しずつ整理されてきましたが、俊介たちは、まだ解決策を出しあぐねているようです。

あなたなら、彼らにどんなアドバイスをするでしょうか？

問題解決のヒント

①自分たちに可能かという視点で現実的な解決策を練るのがいい。

②これまでの前提から飛躍していてもいいから、いろいろなアイデアを出し、「あるべき姿」に近づく方法を考える。

③考えてもどうにもならないから、手当たり次第にいろいろ考えないほうがいい。

「発想」と「評価」の2段階に分けて進めよう

解決策を出すときは、最初から一番いい方法を考えようとしてはいけません。また、考えるはしから「やっぱりムリだ」と否定してしまうのもいけません。

アイデアを評価しながら出していくと、現状の延長線上の解決策しか見出すことができなくなっていまいます。まずは、考えつく解決策をどんどん出していくことに専念しましょう。

原因を見きわめたら、いくつかの解決策が見えてきます。それらをすべて出して、その中から一番いい方法を選ぶのです。

解決策のアイデア出しと評価を分けて進めることが、最終的な解決策の向上に役立つのです。

既存の枠を取り外してあらゆる可能性を考えよう

問題を解決する場合、現状の延長線上で考えていても効果的な解決策は見つかりません。現状を打破するためには、既存の枠組みを構成している前提条件を取り払うことができないかどうかを検討してみる必要があります。すべてのルールや制約条件を外してみて、ゼロベース（既成概念を外してゼロから考えること）で考え、さまざまな可能性を追求してみるといいでしょう。

この野球部のケースでいえば、問題は「チーム練習ができない」ということにあります。この問題が生じている前提となっているのは、「平日の放課後、ほかのクラブと場所を分け合いながら練習する」「練習は校庭で行う」「練習日は先生たちが決める」といったことです。

まずは、これらの前提に気づき、それを取り外したら、どんな可能性が生まれるのかを考えなければなりません。

ブレーンストーミングの効用 その2

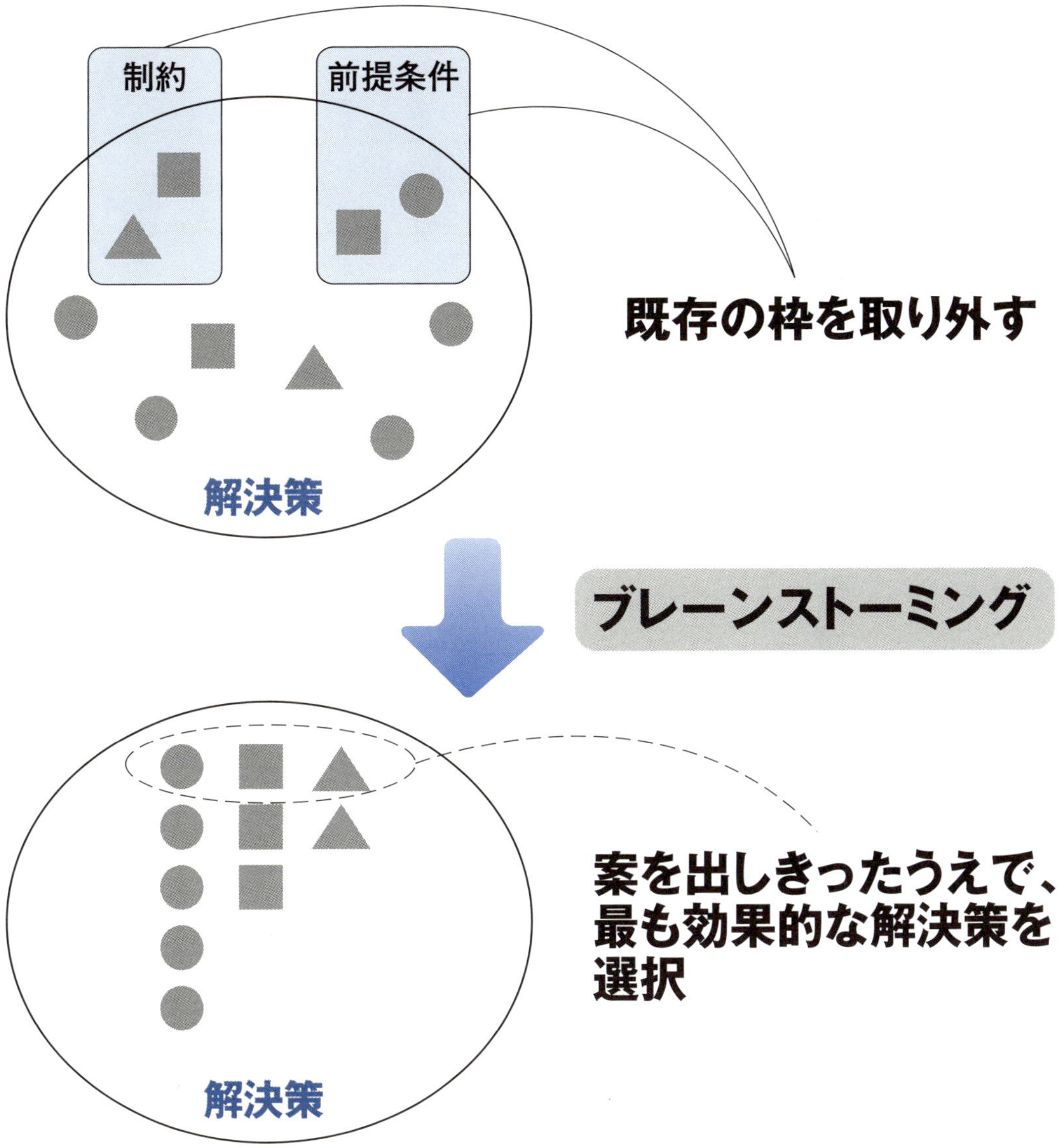

A ② point

解決策を考えるときは、これまでの枠組みを外して考えます。また、ひとつだけではなく、たくさんのアイデアを出して解決策を練ります。

たとえば、「近隣のグラウンドは使用できないか？」「校庭を分け合わずに練習できるように、練習日を調整できないか？」「練習日を生徒自身で調整して決められるように変えられないか？」などが考えられます。

もちろん、現実に可能なこと、不可能なことの両方が出てきますが、**「現状の打破」のためには、既存の枠組みを外して、あらゆる可能性を洗いざらい出さなければなりません。**

出しきったうえで、実行可能で、効果的で、安価な（手間のかからない）解決策を選び出していけばいいのです。

17 解決策を実行するうえで気をつけておくべきポイント

Q 「いつも校庭を半分ずつ分け合って使っているラグビー部だって不便を感じているのではないか？　それなら、いっそのこと校庭練習を週2日に減らし、その代わり1日だけは校庭を全面的に使えるようにしよう。減らした1日は、校外のランニングや、屋上を使った小規模なトレーニングなどにあてる。これなら週1日はチームプレーの練習ができる」

議論の末、野球部員たちがたどり着いた解決策です。

牧野は、すぐにでもラグビー部に掛け合いに行こうとする俊介を引き止めて、「何をすべきか」を書き出させました。

書き出してみると、この提案を実現させるまでにやらなければならないことが多数あります。俊介ひとりで全部やるのは無理だと気づき、部員全員で、どの仕事を、誰が進めるのかを相談しました。

仕事の分担が決まり、ようやく部員たちも自分が何をすべきかがクリアになってきたと感じています。いまは俊介ばかりが悩むのではなく、部員たちがそれぞれの立場で考えるようになってきています。2週間ばかり練習そっちのけで議論に時間を費やした野球部も、具体的に動き始めました。

そんな部員たちに、牧野は次の段階として、あることをするように提案しました。それは、次のどれでしょうか？

①全部員のメーリングリスト作成
②2週間のブランクを解消するための集中特訓
③プロ野球選手が行っている練習メニューの研究

問題解決のヒント

やるべきことを事前にリストアップする

解決策が見つかっても、即座に動き出してしまうと、組織としての行動にはなりにくいものです。

とくにビジネスで発生する問題では、やるべきことは多岐にわたります。これをあらかじめ洗い出しておかないと、やっている途中で気がつき、そのときには仕事がいっぱいで手が回らない、ということになりがちです。

なお、**どの仕事を、誰がやるのかという担当は、すべての仕事を洗い出したあとに決めていきましょう**。洗い出しながら担当を決めていくと、言い出した人が担当ということになりがちで、一部の人間が仕事を抱え込むことになってしまいます。責任の所在も不明確で、新たな案件が発生したときに、誰がどう対処すべきかもわからなくなってしまうのです。

情報共有にはメーリングリストが有効

問題解決の実行段階では、さまざまな想定外の事態が発生する可能性があります。想定外の事態が発生すると、その後の作業は軌道修正を迫られることになります。

軌道修正をするために、メンバーは現在どう動いているのか、その経過を知っておく必要があります。**情報共有にはメーリングリストが非常に有効です**。経過報告などを全部員に送信しておけば、ほぼリアルタイムで状況を把握できるでしょう。仮想ミーティングのような効果があります。

これで未経験の状況も怖くなくなる

Part2では、大まかな問題

ブレーンストーミングの効用 その3

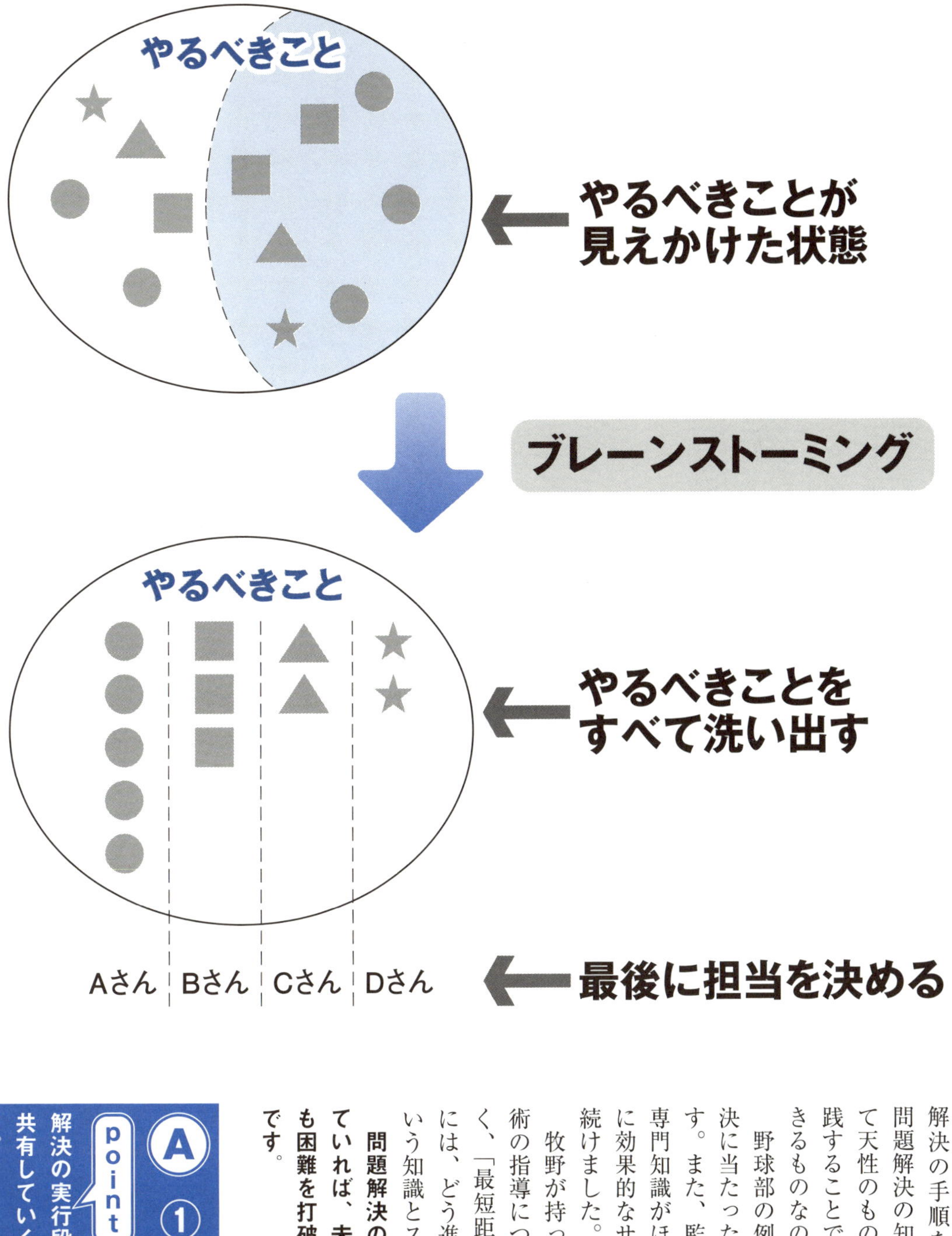

解決の手順を説明してきました。問題解決の知識とスキルは、決して天性のものではなく、学んで実践することで身につけることができるものなのです。

野球部の例でも、実際に問題解決に当たったのは部員たち自身です。また、監督の牧野は、野球の専門知識がほとんどなくても、実に効果的なサジェスチョンを与え続けました。

牧野が持っていたのは「野球技術の指導についての知識」ではなく、「最短距離で問題を解決するには、どう進めればいいのか」という知識とスキルです。

問題解決のスキルさえ身についていれば、未経験の状況においても困難を打破することが可能なのです。

A ① point

解決の実行段階では、現状把握を共有していくことが重要になります。

18 慎重な「問題発掘」が解決のプロセスを短縮する

Q 化粧品メーカーのA社を取り巻く環境は厳しいものがあります。ここ数年で売上はジリジリと下がり、ついに今年は赤字スレスレの状態まで落ち込んでいます。

化粧品事業だけで生き残ることがむずかしくなったと判断したA社は、健康食品事業に乗り出すことに決めました。昨今の健康ブーム、ドラッグストアなどの流通チャネルが活用できることなどが参入の決め手となったのです。

ところが、実際に製品をつくって売り出してみたところ、さっぱり売れません。いまや膨大な在庫の山となり、経営をさらに圧迫しています。

さて、A社が下向きのスパイラルから抜け出せなくなってしまった理由は何だったのでしょうか？

①商品開発担当者のセンスが悪い。試行錯誤の中でいい商品を生み出す力をつける必要がある。

②発売前にテストマーケティングをして顧客の反応を探っていれば、膨大な赤字は防げたはずだ。

③データなしに健康食品事業への参入を決断したのが問題だ。

④問題と対策が飛躍している。そもそも業績不振という問題の原因を考えないで、思いつきで新規事業をやること自体が間違っている。

問題解決のヒント

あわてて解決策に飛びつかない

「なんとかしたい」と思っているだけでは、問題点がはっきり見えているとはいえません。このケースでは、業績不振という「本当の問題」に新規事業開発という「対策」で対応しようとしています。しかし、その新規事業がかえって新たな赤字を増やすかもしれません。原因を根治《こんち》しない対策は新たな問題を生んでしまいます。

解決策にすぐに飛びつくと、どうなってしまうのでしょうか？

いつの間にか「まず解決策ありき」となり、今度は解決策を正当化するためのデータや理屈を見つけてくるようになってしまいます。しかし、十分に評価することなく決定された解決策は、その解決策が本当にいいのかどうかという検証がされていないから、成功の確率が低いのです。

先に時間をかけるべきポイントは「問題発掘」

問題を解決する手順は、大きく分けて2つのステップで構成されます。

まずは「**問題発掘**」の段階。解決すべき問題は何かを明確にしていくステップです。料理でいえば、何をつくるかを決めて、材料を調達してくるまでのステップです。

次が「問題解決」の段階。実際に解決策を考えるのはこの段階です。料理の下ごしらえから盛りつけまでのステップです。

問題解決を成功させる人は、問題発掘のステップ、つまり問題を明確化することにより多くの時間をかけます。とくに複雑な問題の解決に際して、成功した人と失敗した人の行動を見ていると、成功した人は**問題発掘**のステップにより多くの時間をかけています。どんなに忙しくても、ちょっと立ち止まって考えているのです。

そして、実際の行動の段階となると、**問題発掘のステップに時間をかけた人のほうがより短時間で**

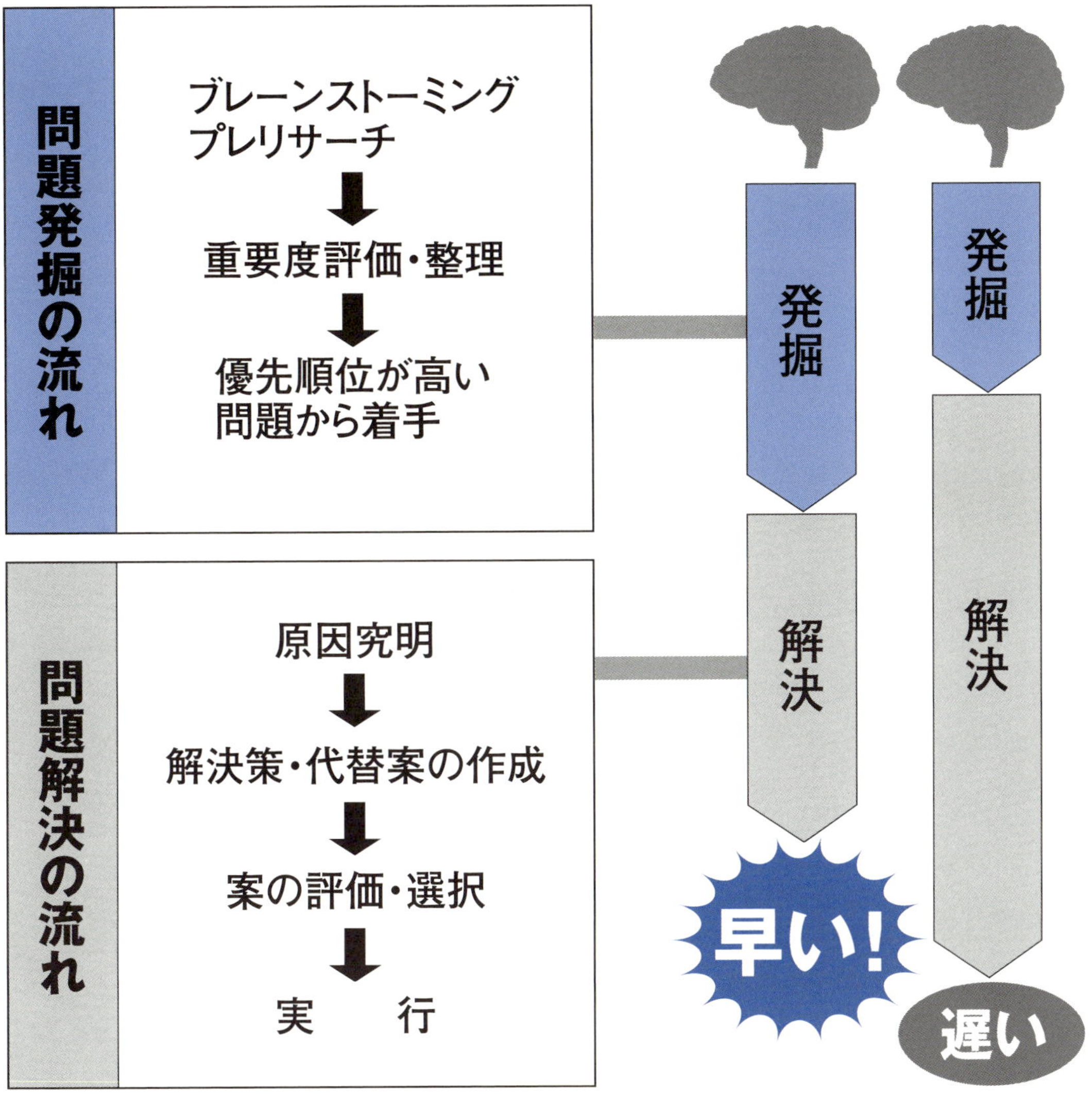

問題発掘の段階で時間をかけた人のほうが、より短時間で問題解決できる！

A ④ point
複数の問題が混在している状況では、いまの問題が何かを考えなければ対処できません。まず「問題発掘」のステップに時間をかけましょう。

問題を解決しています。 **問題発掘**から解決までのトータルの時間で見ても、**問題発掘**に時間をかけた人のほうが短くてすみ、その成功率も高くなります。忙しくて立ち止まって考える暇などない、考えたりしていたら「仕事をしろよ」とハッパをかけられるという人もいるかもしれませんが、的外れの努力をするよりは立ち止まったほうがましです。

ちょっと立ち止まって、これからどうすればいいのかを考えるだけで、その後の仕事の効率はぐんと変わってきます。いい仕事をするためにも、立ち止まって、取り組むべき課題は何かをじっくり考えることが必要なのです。

19 迅速な「プレリサーチ」で問題の全体像をつかもう

Q A社はX県内でホームクリーニングサービスを手がけてきた企業です。さらに市場を広げようと考えた営業部長は、近隣のY県が進出先として考えられるかどうか、部下の田中君に調査を命じました。田中君はかつてはマーケティング部門にいたこともあり、「リサーチができる人」として評価されています。

しかし、指示を受けた田中君は、調査を開始したものの、なかなか結果を提出しません。通常の営業活動と並行して調査をしているのだから、少々時間はかかるだろうと大目に見ていた営業部長も、2カ月が経過するに至って田中君を呼び出しました。

営業部長が問いただしたところ、決してサボっていたわけではありませんでした。現在の調査結果だといって、B4用紙で100枚以上に及ぶ資料を見せたのです。田中君が、

「まだまだデータが不足しています。もっと詳しい調査をする時間をください」

というと、営業部長は、

「何をしているんだ！　競合相手のB社は、Y県だけでなくW県にもどんどん拠点をつくり始めているぞ！」

と怒鳴りました。

さて、いったい何が悪かったのでしょうか？

①調査を始めるのが遅すぎた。田中君の進め方に問題はない。
②使わないデータをまとめるのはムダなので、事前にどの程度の調査が必要なのか確認すべき。
③判断するうえでデータは不可欠なので、やはり調査は必要だった。

問題解決のヒント

問題点の存在を浮き彫りにする「プレリサーチ」

問題を設定しようとするとき、手元に何も情報がないと、考えるのがむずかしくなります。考えるためには現状や問題点の概要が必要になります。その基本的な情報を得るために**プレリサーチ**（事前調査）をするのです。

プレリサーチは「**その問題を、問題として設定するかどうか**」を**判断するために行う**ので、詳細の分析は必要ありません。むしろ、簡単であっても概要が押さえられていて、なおかつ迅速に行うことが鉄則です。詳細データにのめり込んで、調査のための調査になってしまってはいけません。

このケースで、営業部長は「Y県への進出を検討すべきかどうか」ということを知りたかっただけです。簡単なリサーチで「進出を検討するに値するか否か」という感触が得られれば、それで十分だったのです。進出を検討することになった時点で詳細なマーケットリサーチを行い、実際に進出するか否かを判断すればいいのです。営業部長にしてみれば、「Y県は市場として有望でない」と判断できれば、さっさと別の市場を探したかったのです。

全体像をつかむには大雑把《おおざっぱ》な数値が有効

まず、詳細な情報の収集から取りかかるのではなく、**全体を大雑把に把握するための切り口をはっきりさせましょう**。まとめやすくなり、不要な調査が減ります。

ただし、概要を調べるといっても、まとめた結果が曖昧では意味がありません。**プレリサーチ**の結

プレリサーチ
・Y県への進出は検討に値するか?
※この段階ではスピード重視で全体像をつかむ

↓

結果
・Y県のデータ、競合の現状etc.

↓

問題設定・判断
・Y県は市場として有望か否か?

有望 → **問題への取り組み**
・詳細なリサーチ
・Y県への進出

見込みなし → **問題設定の見直し**
・ほかの市場を探す

プレリサーチの段階では短時間で問題の概要をつかむ

果は基礎データとして使用するものですから、なるべく数値を使って把握します。また、問題解決の場合なら、「たしかにこの問題は存在する」という裏づけにもなりますから、数値化されているほうが判断しやすくなります。

　このケースでいえば、Y県の世帯数や人口の増減、平均所得や、どんな家族（独身世帯か子どもがいる家族か）が多いのかという傾向を数値データとしてつかんでおけばいいでしょう。ほかに押さえておきたい点としては、同業者がどの程度存在しているのか、競合するサービス内容や価格はどうなっているのか、Y県独自の条例や規制がないかどうか、などが考えられます。

A point ②
プレリサーチの目的は、問題に取りかかる前に迅速に全体像を把握することです。

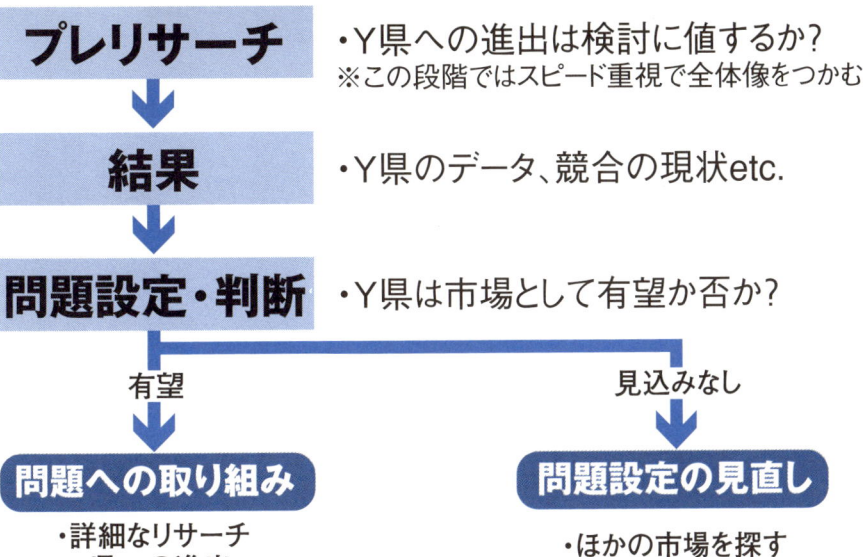

20 アイデアの質を高め合うための ブレーンストーミング3つの鉄則

Q テレビアニメのプロダクションA社。かつては爆発的な人気を誇るキャラクターを2～3年おきに出し、その番組放映やグッズ販売で収益をあげてきた会社ですが、ここ5年ほどヒット番組がありません。

　これまで新番組の企画は担当者が思いついたときに提案して根回ししながら固めるという方法でしたが、低迷を抜け出すために企画会議を開くことにしました。担当者それぞれにアイデアをまとめさせ、会議の場で発表する形式で、一気に現状を打破できるアイデアを出すことを狙ったのです。

　担当者が順番にアイデアを発表していきましたが、どの案もプロデューサーの目から見ると小ぢんまりしていたり、過去の番組の焼き直しだったり、パッとしないものばかりです。会議もぎこちない雰囲気で、発言も少なく、手ごたえのないまま終わってしまいました。

　なぜ、アイデアが出てこなかったのでしょうか?

①会議で発言することに慣れていないから。
②最初からまとまった企画書を出させることに無理があるから。
③新しいものを創造する力がある社員がいないから。

問題解決のヒント

なぜ、アイデアが出てこないのか?

　何かの改革案や改善案を出そうとするときにやってしまいがちなのが「問題点と対策のアイデアを書いて持ち寄れ」というやり方です。あらかじめ意見をまとめて持ち寄るので、一見、効率的な進め方に見えますが、これでは順番に自分の案を発表するだけになってしまいます。個人のアイデアをただ並べているだけでは議論によって「高め合う」ことはできません。

ブレーンストーミングがうまくいく3つのポイント

　ブレーンストーミングとは、会議の場で「案」を徹底的に出し合うことです。プレリサーチの資料があれば、手元に置きながら問題点を出していくといいでしょう。出された問題点については、すべて記録を取っておきます。

　ブレーンストーミングを進めるうえでは、通常の会議と違った鉄則があります。この鉄則を忘れると逆効果になりかねないので、参加者全員がきちんと理解しておく必要があります。

①3セズ（質問せず、批判せず、くどくど説明せず）

　会議の場では、出された案に対して「それはどうだろうか」とコメントが出ます。しかし、**ブレーンストーミング**では、質問や批判はご法度です。発言しにくくなってしまう状況を避けるのを第一に考え、基本は「いいっぱなしを許す」ということです。どうしても否定したい場合には「代替案を出す」ことを条件としてルール化しておきましょう。

　また、出した案について、いちいち説明しないことも重要です。アイデアをたくさん出すためには発言のテンポが大切です。

　また、問題点の洗い出しの場合は、「問題点を出しきる」ことでガス抜きができるという効果もあります。また、他人がどんなことを問題と考えているのかを知り、問題意識の共有化が図れます。

適当に
書いちゃった
では
みなさん報告
してください
・美少女萌え ・やおい
・変形合体ロボット
・○×モンスター ・剣と魔法
アイデア、
湧かないよ

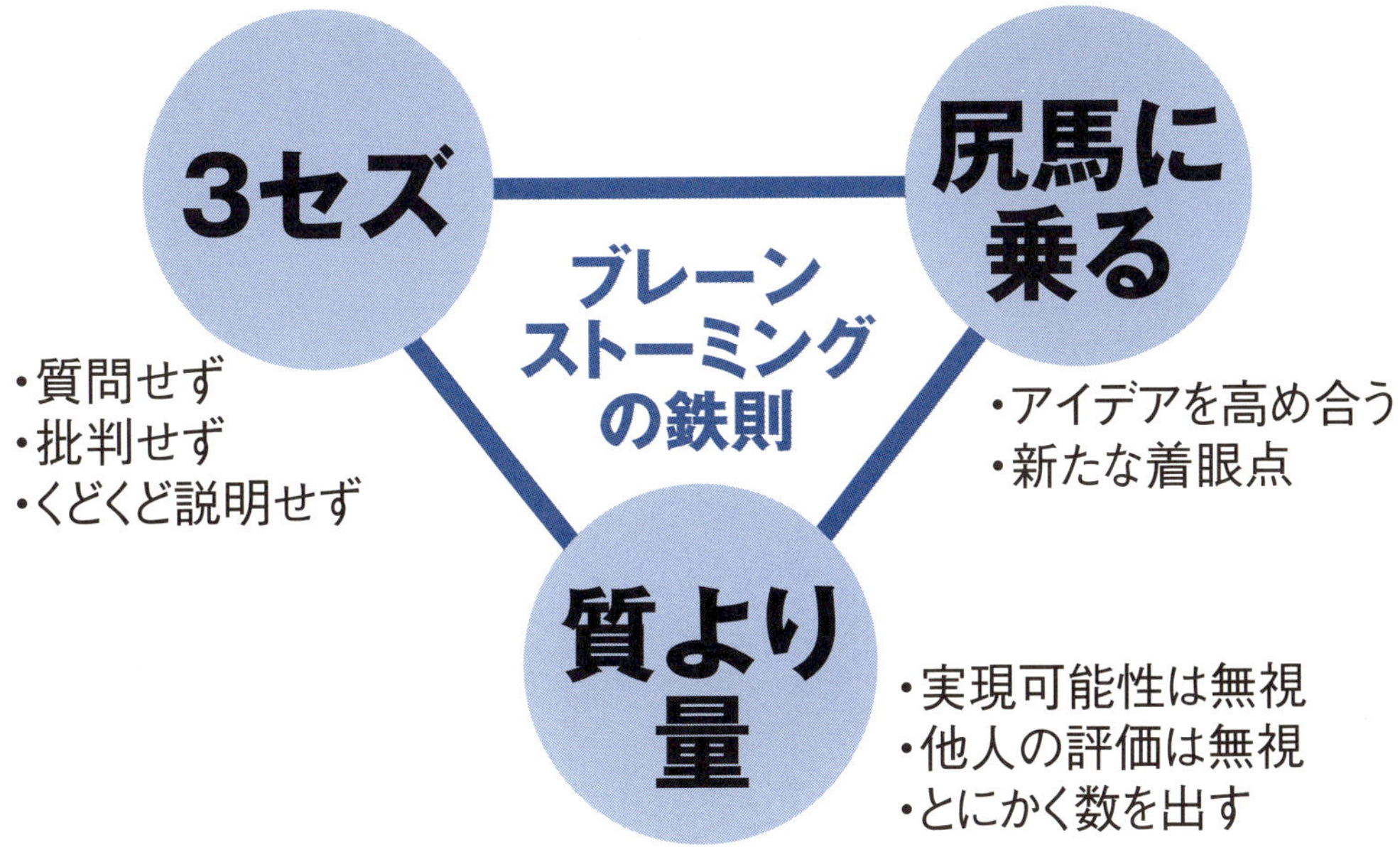
ブレーン
ストーミング
の鉄則
3セズ
・質問せず
・批判せず
・くどくど説明せず
尻馬に
乗る
・アイデアを高め合う
・新たな着眼点
質より
量
・実現可能性は無視
・他人の評価は無視
・とにかく数を出す

ブレーンストーミングでは
とにかく多くのアイデアを出す！

②人の尻馬に乗る

人が出したいいアイデアや視点は、遠慮なく自分の発想のネタにしましょう。アイデアをぶつけ合って膨らませていくのです。

発言が途切れたら、司会者は視点を変えた問いかけで、みんなの創造力をかき立てるようにしましょう。

③質より量を重視する

問題点を出し合っているときは、とにかく数を出すことに集中しましょう。実現の可能性や他人の評価を気にしてはいけません。

最初から質の高い案を出すようにするよりも、玉石混淆《ぎょくせきこんこう》でもいいから、数を出していったほうが、結果的には質の高い案が数多く出ます。

A ②

point

現状を打破するためには、まずブレーンストーミングでアイデアを出しつくすことが必要です。

21 優先順位のつけ方に迷ったら「重要度評価」と「分類」で決める

Q　Ａ社は半年前に顧客データベースを構築しました。売上伝票、請求書、納品書など、さまざまな伝票を処理して、販売情報を一元管理するシステムです。稼働してから半年ほどして、実際に使っての改善点が見えてきました。そこで総務部の小林君が取りまとめをすることになりました。

　まず各部門の担当者に会って、改善したい点をヒアリングして回りました。「この情報をこの画面で入れられたら、あとで作業が楽になる」「この伝票には、この情報も表示させてほしい」「この処理はシステムで自動的にやってほしい」など、関係する経理・営業・物流の各部門から、それぞれの改善要望が出されました。それらの改善要望をまとめてみたところ、じつに３００項目に上りました。

　すべてを実現したら、改善の費用が予算を大幅に上回るのは明らかです。しかし、どれが優先順位の高い改善要望なのか見当もつきません。

　小林君は、どうやってまとめたらいいのでしょうか？

①改善要望の内容を分類してまとめる。そのうえで重要度を判別してA～Eの評価をつけ、Aランクから優先的に手をつける。

②とりあえずベンダーから見積もりを取る。そのうえで予算の枠内に収まるように項目を絞り込んでいく。

③なるべくユーザー部門が使いやすいシステムにすることが大切なので、部署ごとに予算を割り振り、その枠内でできることを自由にやってもらう。

問題解決のヒント

矛盾する問題点に優先順位をつける

　問題点を並べているだけでは、問題の全体像をつかむことはできません。また、どれが重要なのかもわからなくなります。**全体像をつかみ、優先順位をつけるためにも、まず問題点を整理することが必要です**。

　問題に個別に対応しようとすると、そのうち矛盾した対策を並行して進めなければならないようなことも出てきます。

　たとえばシステムの改善要求にしても、「インターネットで遠隔操作できると便利だ」ということと「セキュリティー上心配なので、インターネットにはこのシステムはつなぎたくない」ということは矛盾する内容です。どちらを優先するのか、また、技術的に両立できる問題なのか、問題を整理する必要があります。

重要度評価を会議で決めるメリット

　洗い出された問題に対しては、5段階評価ぐらいで**重要度**をつけていきましょう。

　重要度評価は、みんなで集まって一斉に判断していくと、最もスピードが速くなります。一つひとつの項目についてあまり深く考え込まずに、テンポよく、1項目5秒ぐらいでどんどん答えていきましょう。意見が割れた場合には、とりあえず高いほうの**重要度**をつけておきます。

　これを会議でやる利点は、「全体最適」の視点で重要度が評価できることです。

　自分が重要だと思っていたことと、他人が重要だと思っていたこ

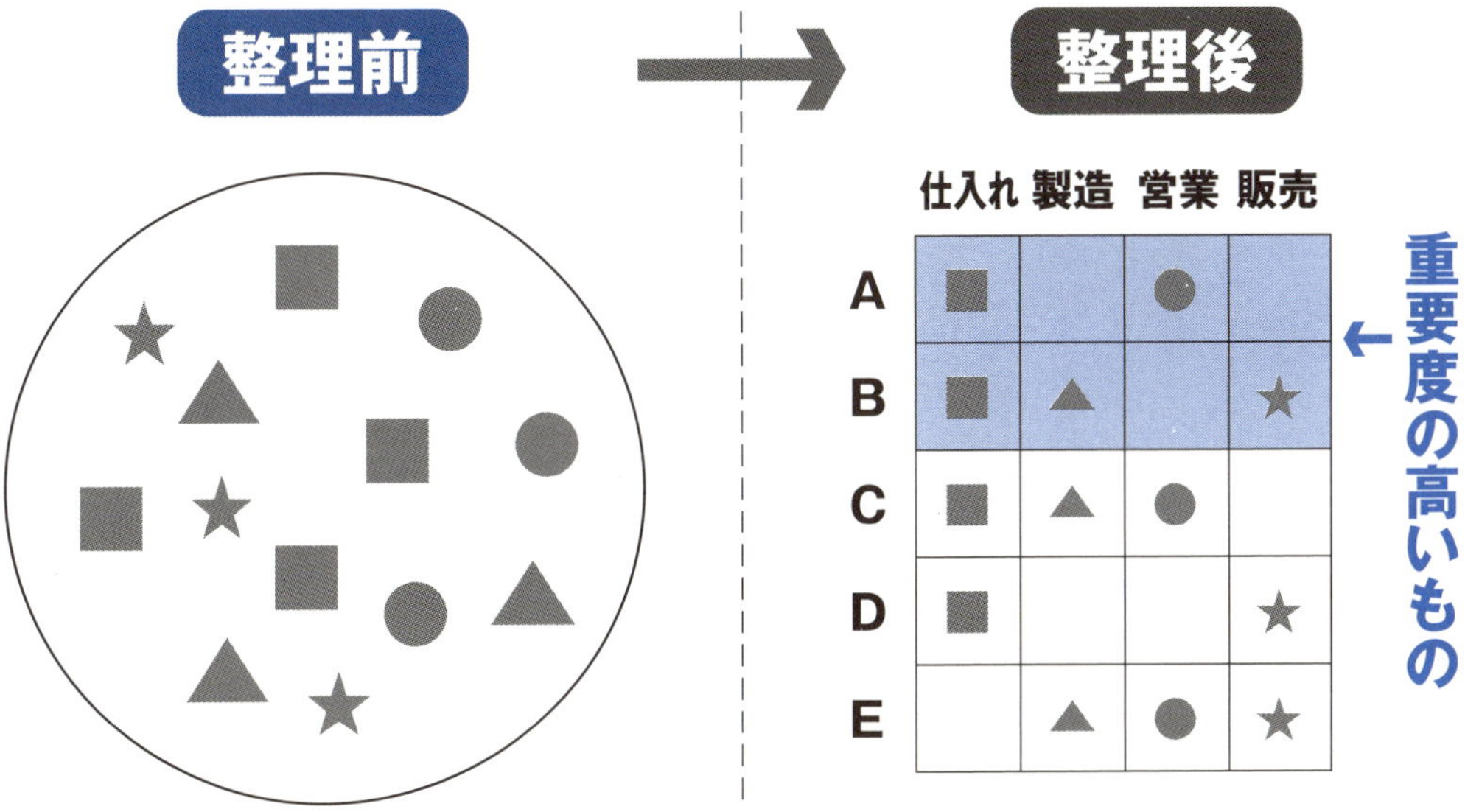

問題点の整理は、分類と重要度評価から!

とが違ったりすると、そこで初めて「なぜ、そのことが重要なのか」という関心を持つようになります。いままで見落としていたことに気づき、全体方針の確認にもなります。結束力を強めることができるのです。

重要度評価をしたら、類似したものを集めてまとめていきましょう。数が多すぎる場合は、**重要度**の高いもの（5段階評価のA～Bランクだけ）を対象に整理していきましょう。

問題点を整理する場合には機能別に分類します。仕入れ、製造、物流、販売、営業、管理（人事・総務・経理）といった企業の機能ごとにまとめていきます。

A point ①

問題を一覧して眺めているだけでは対処は考えられません。重要度を判断したうえで、問題点を機能別に分類することが必要です。

22 部門を超えた問題に対処できる「プロジェクト」の効用と注意点

Q 医療機器メーカーのA社は3年ほど前から急激に売れ行きが上がり、会社の規模が急拡大しています。かつては小回りのきく営業や、問い合わせへの迅速な対応が評判だったA社ですが、最近は対応が追いつかなくなってきました。また、製品が増え、すべての機材の細かな使用方法などを営業担当者が把握しきれなくなってきています。

そこで、問い合わせ専用窓口を設け、顧客からの問い合わせやクレームを一括して受ける体制を整えました。

3カ月ほど運用した結果、クレームの内容に抜本的に対応するためには製造部門や物流部門の対処が必要なことがわかってきました。そこで、営業部門の担当者が両部門に改善への協力を呼びかけたのですが、いい反応は得られませんでした。

「コスト削減、ＩＳＯ認証取得など、手がけているプロジェクトが多く、とても人手を割《さ》けない」

「物流拠点の統廃合や配送のアウトソーシングなど、組織形態が大きく変わりつつあるので、協力できるのは来年以降になる」

両部門とも、これ以上対応することは不可能です。

さて、この会社はどうすべきでしょうか?

①プロジェクトの数が多すぎるのが問題。優先順位を考えて実行するかどうか判断する。

②問題は先送りにすべきではない。少々数が多くても、トップダウンで強力に推進する。

③顧客優先の視点が必要。いまのプロジェクトはあと回しにしてでも営業部門の提案を優先する。

問題解決のヒント

部門の壁を超える「プロジェクト」とは?

プロジェクトとは、一時的に発生する業務や目的を遂行する活動のことを指します。

その臨時組織は、従来の部門の枠を超えて横断的に結成することができます。そのため、**プロジェクト**は企業の問題解決や重点課題の施策にふさわしい組織形態だといえます。

企業には複数の部門にまたがっている問題がたくさんあります。クレーム対処にしても、内容によって、開発、製造、物流、販売など、関係する部署はさまざまです。**プロジェクトは、こうした「部門を超えた問題」に対処するのに有効です。**

企業にとっての問題、とくに「創る問題」は、重点施策として実行に移されることがたくさんあります。たとえば生産体制を抜本的に見直すためのＳＣＭ（サプライ・チェーン・マネジメント）や、成果主義による人事評価制度など、さまざまな課題が多くの企業で進められています。

これらは業務の進め方や組織のあり方を大きく変えるものであり、関係する部署も多いので、全社をあげて取り組むべき課題です。そのために**プロジェクト**が結成されるのです。

優先順位の高い課題に集中しよう

プロジェクトは、その課題にかかわりのある部署からメンバーを出して結成されます。メンバーは、**プロジェクト**で決まったことを自分の部署に持ち帰って推進するため、その部門の中でもある程度の

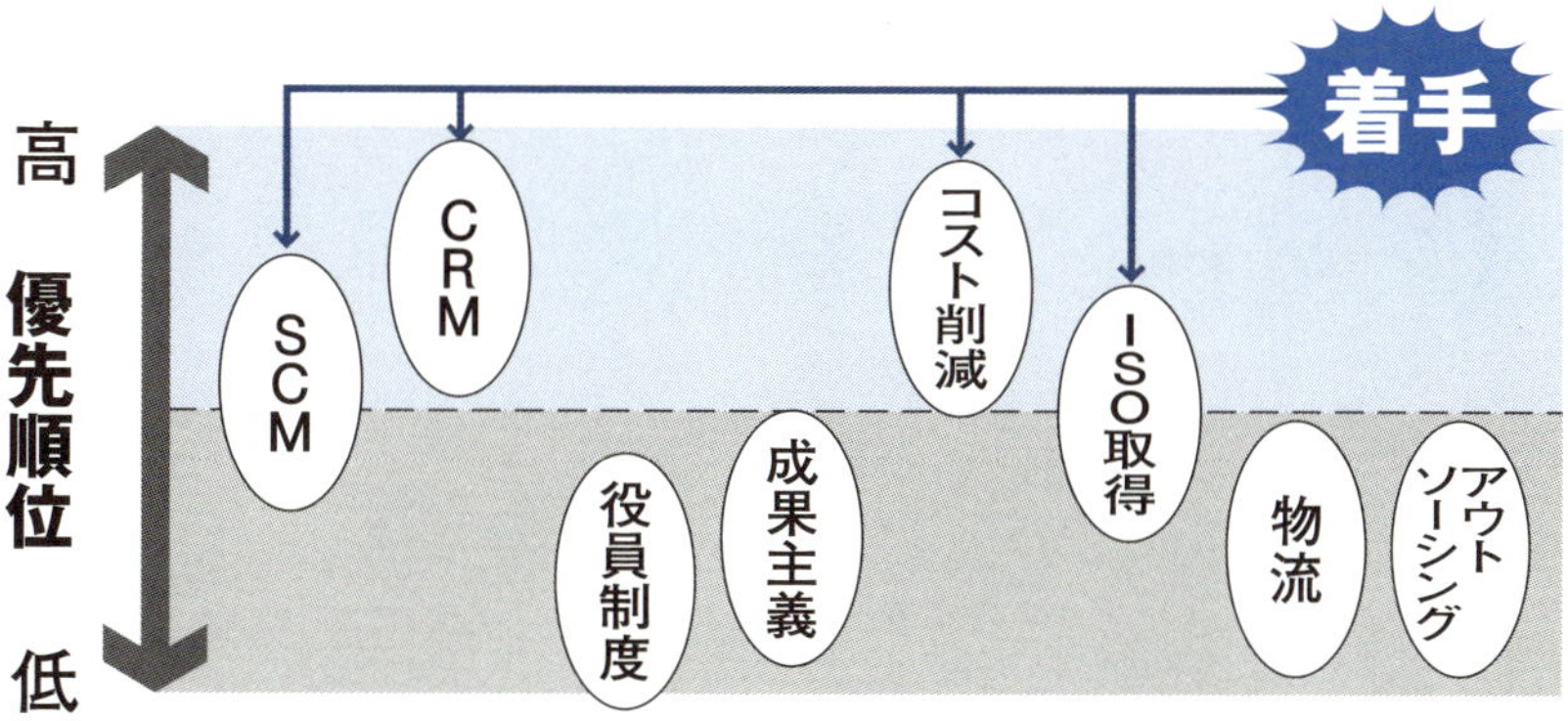

プロジェクトの数を絞るメリット

・人材の確保
・エネルギー集中
・取り組みの徹底

力を持ち、業務内容についてもよくわかっている人が適任です。一言でいえば、「仕事をよくわかっている人」ということになります。

　しかし、**プロジェクト**が増えてくると、人材が足りなくなってきます。1人の人間が4つ、5つの**プロジェクト**に参加するとなると、日常業務もままならなくなったりします。

　実行段階で人材が不足しては、結局すべてが中途半端に終わってしまいます。**企業が全社レベルのプロジェクトを進める場合、並行して進められるのはせいぜい6つが限度でしょう。**それ以上に取り組むべき課題があるなら、優先順位を考えるべきです。

A ① point

プロジェクトは数を絞りましょう。社員の関心とエネルギーを集中させることで、問題への取り組みを徹底することができます。

23 この「3C＋マクロ環境」の視点で企業経営をスッキリ分析しよう

Q 今村君は薬品卸会社の営業部に所属する5年目の社員です。この営業所に新しい営業所長がやってきました。1カ月ほどたったある日、今村君は営業所長に呼び出されました。

「これまで様子を見ていたが、この営業所ではXの売れ行きが悪いな。当社製品の中でも稼ぎ頭で、よその営業所ではトップシェアを誇っているXがうちのテリトリーでは振るわず、在庫も多いようだ。いろいろ見えてきたところで、この営業所の問題点をみんなで考えてみたいんだが、まずは現状を知ることが必要だ。今村君、この営業所の現状を全体的にまとめてみてくれないか。1週間ぐらいで頼むよ」

営業所長のいうことはよく理解できた今村君ですが、いざ取り組もうとすると、どうやれば全体像がつかめるのかがわかりません。各種の営業データや販売成績など、情報は山ほどあるのに、どうまとめればいいのかがわかりません。

途方に暮れてしまった今村君、どうすればいいと思いますか？

①大まかな数字が必要なので、管理部門からデータをもらって5年分ぐらいの売上や利益の推移をまとめればいい。

②テリトリー内の競合情報をはじめ、業界や市場の動向の予測が必要だ。新聞記事や業界紙のニュースも参考になる。

③そもそも現状分析は問題点を洗い出すのために行うのだから、顧客のクレームを取りまとめる。

④ビジネスの関係者を大きなくくりでまとめて概要を文章化する。たとえば、薬品卸業であれば、「顧客（病院や医者）」「患者（エンドユーザー）」「メーカー」「競合」「社内」などに分けられるのでは。

問題解決のヒント

使えるデータを集めるノウハウ

あなたは何かを調べるとき、どのように情報を集めているでしょうか。今回の設問のように、自分たちの部署の状況をまとめようとするときは、まずは既存のデータの中から、関連のありそうなものを集めることから始めるのではないでしょうか。

・売上や利益の数字
・部門別・事業別・製品別の数字や、時系列で見た推移
・顧客や取引先のアンケート結果
・顧客の動向についての営業資料

膨大な資料がいくらでも出てきます。営業の数字も、まとめ方や分析の仕方によって見え方が変わってくるので、どんな数字を使えばいいのか迷うのではないでしょうか。

また、世間一般の動きや市場動向まで含めると、ネット検索、新聞記事、公的機関の統計など、さらに大量の情報を集めることができます。

「使えそうな情報やデータはないか」という探し方だと大量のデータが集まってしまい、かえってまとめ方がわからなくなります。また、一部分に着目して詳細にはまり込んでしまいがちです。**「何か関係しそうなデータはないか」ではなく、「この情報が欲しい」という探し方をしなければなりません。**そのためには、必要な情報が何かをあらかじめ考えてから情報

Part 1
Part 2
Part 3
Part 4
Part 5
Part 6
Part 7

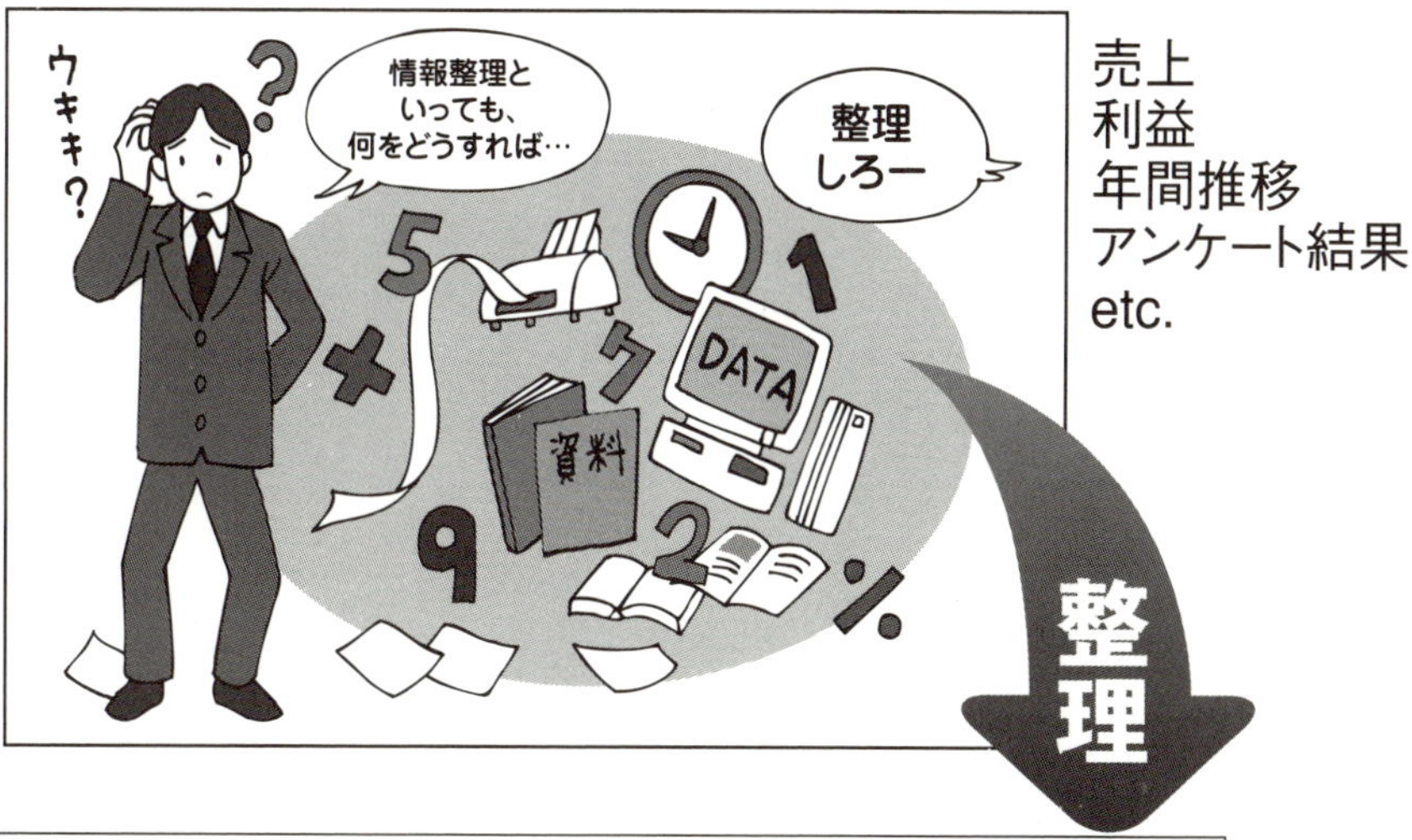

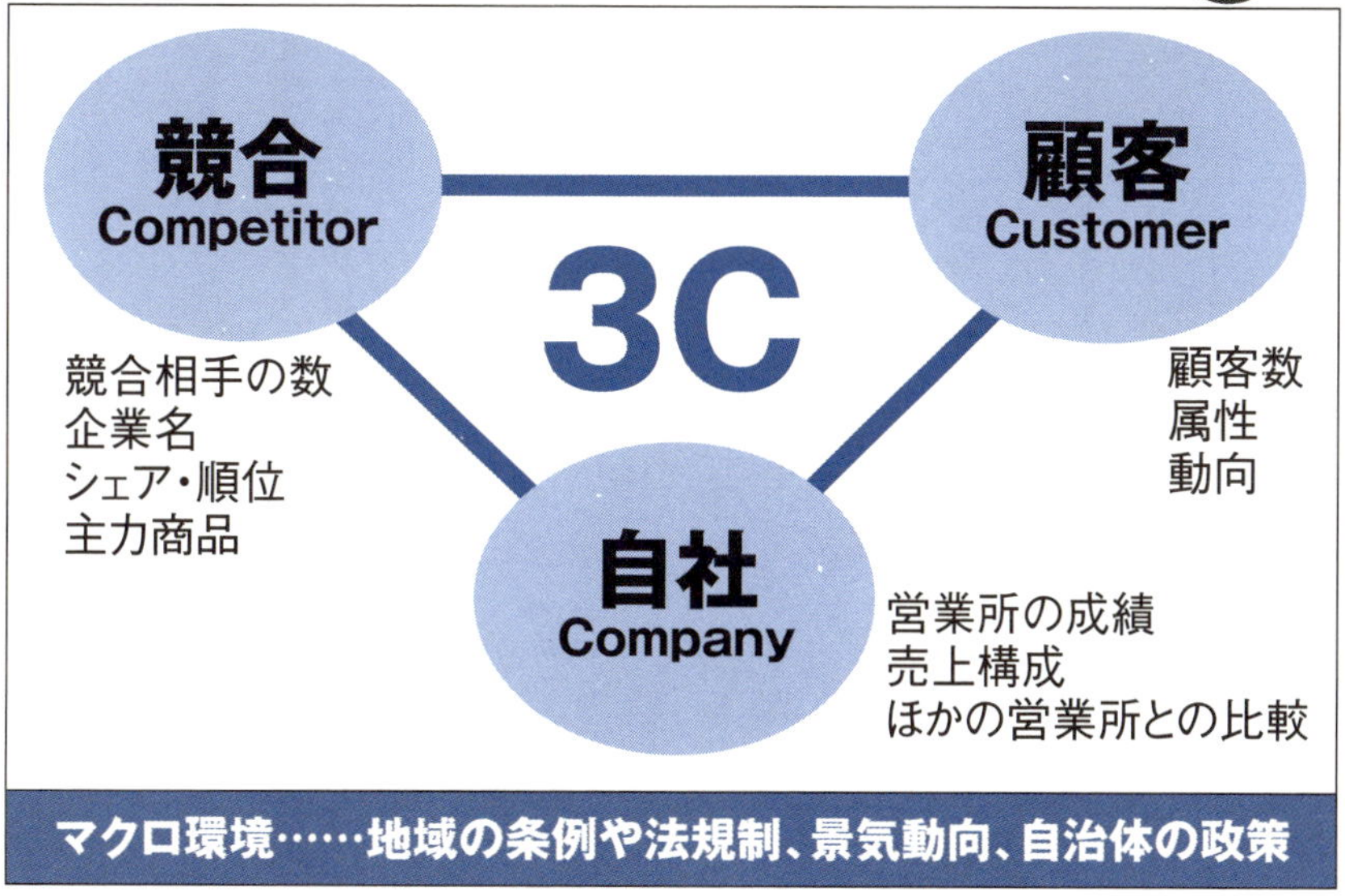

現状分析は、「3C+マクロ環境」の切り口でまとめてみよう！

収集に着手することが必要です。目的に合わせて情報やデータを集めたり調べたりする収集方法が必要になります。

「3C+マクロ環境」で情報を俯《ふ》瞰《かん》しよう

全体像をつかむためには、必要な情報の切り口を洗い出し、それからデータを集めていきましょう。**経営戦略は「3C+マクロ環境」というフレームワーク（枠組み）で分析するのが有効です。**

上の図にあるように、**3C**とは「顧客」「競合」「自社」を指します。これに**「マクロ環境」**を加えた視点を切り口にして情報をまとめていきましょう。

A ④ point

「使えそうなデータはないか」ではなく、「3C+マクロ環境」などの切り口を決めたうえで、「この情報が欲しい」という探し方をしましょう。

24 外部の環境分析は、自社にとっての「機会」と「脅威」に分けてつかむ

Q 中堅精密機器メーカーのA社。創業者が社長を務める典型的なオーナー企業で、役員や部長たちは、社長のいうことにはなかなか口をはさめません。社長を諫《いさ》めたりご注進したりできる人間はただ一人、一緒に事業を大きく育ててきた社長夫人だけです。独断専行型の社長も、創業当時から経理や総務関係を取り仕切り、いまも社員からの信頼が厚い夫人の意見だけは素直に取り入れます。ですから、どうしても社長を説得したいときには、まずは夫人に相談して社長を説得してもらうことが多かったのです。

ある日、社長室長と経理部長が夫人のところにやってきました。「困ったことになりました。社長がどうしても新しい本社ビルをつくるといって聞かないんです。N社が売りに出そうとしている駅前の土地が、場所も一等地だし、土地も安くなっているし、いまが買い時だって、すっかりその気になっちゃっているんです」

「資金がないわけではないのですが、土地を所有すると値下がりリスクがありますし……」

夫人も数日前に社長から本社ビルの話は聞かされていました。気になった夫人はその土地を見に行き、どちらかというとこの二人と同じ感想を持ったのです。

さて、夫人が取るべき行動は?

①経済状況は当分よくなる兆しもないし、買うべきではない。

②デフレで土地も値下がりしている。そろそろ買ってもいい。

③メリットとデメリットを洗い出してまとめ、社長と一緒に考える。

④土地を鑑定してもらい、値下がりしないという確証が得られたら買う。

問題解決のヒント まわりの環境を正しく把握する

何か大きな決断をするときには、まず自分の置かれている環境を正しく把握する必要があります。それを一覧できる資料を手元に置きながら議論すると効果的です。

いきなり議論に入ると、「デフレだから土地を持つチャンスだ」「固定資産はお荷物だ」という水掛け論になってしまい、結局、声の大きい者が勝って終わってしまいがちです。

外部環境には同じ事象が見方によってメリットになったりデメリットになったりするという二面性があります。たとえば、「少子高齢化」という市場の変化は、子ども向けのサービスを展開している企業にとっては**脅威**となりますが、高齢者向けの事業を考えるうえでは追い風となります。**外部環境がどのように作用するかは、自分たちのあり方次第なのです。**

環境は「機会」と「脅威」に分けられる

企業経営のフレームワークは「3C（顧客・競合・自社）＋マクロ環境」です。このうち、企業の外部環境にあたるのは「顧客」「競合」「マクロ環境」の3つです。

概略としてつかむ場合には、これらを「外部環境」としてひとまとめにして、「**機会**（都合のいい状況、追い風）」と「**脅威**（都合の悪い状況、逆風）」の2つに分けて書き出します。

「**機会**」とも「**脅威**」とも取れることが出てきたら、あまり突きつ

※SWOT分析その1 外部環境

※55ページで解説

うるさい
なあ
土地なんか
買って大丈夫?
ふん!
ちょっと
STATION
売地
オーナー社長
社長夫人

外部の環境を
「機会」と
「脅威」に
分けて把握する

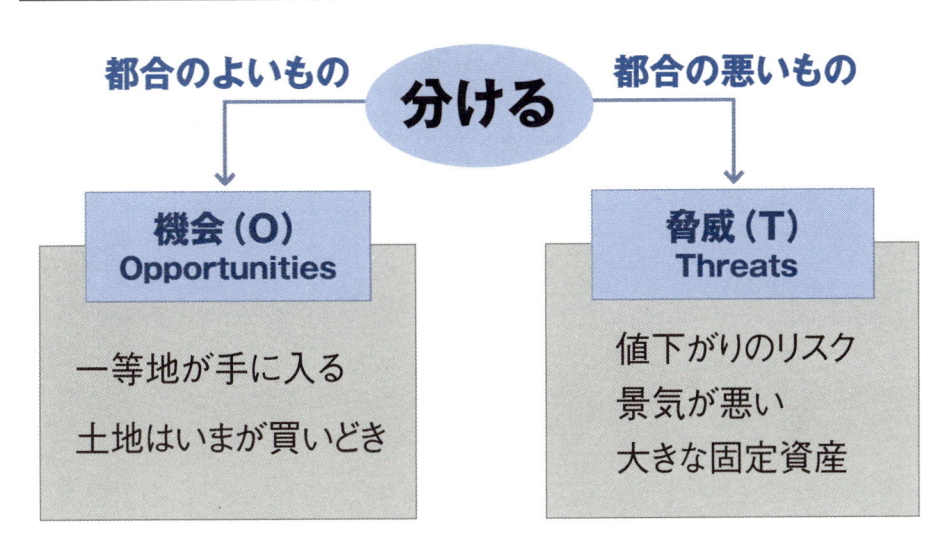

分ける

都合のよいもの → **機会(O) Opportunities**

- 一等地が手に入る
- 土地はいまが買いどき

都合の悪いもの → **脅威(T) Threats**

- 値下がりのリスク
- 景気が悪い
- 大きな固定資産

「機会」を利用して「脅威」を克服できないか考えよう!

めて考えず、自分たちのスタンスで決めましょう。

これらを書き出すことは、状況をまとめて把握することだけでなく、「これからどうしたらいいか」という戦略を考えるヒントにもなります。

「機会」を生かして「脅威」を克服しよう

「脅威」を「脅威」のままで放置してはいけません。なんらかの対応が必要です。**「機会」をうまく利用して「脅威」を克服することができないかどうかを考えましょう。**

「脅威」への対応には、単独で考えるのではなく、「機会」を生かしてカバーすることができないかどうかを考えることです。

A ③ point

外部環境は「機会」と「脅威」に分けて把握します。それをもとに「機会」を利用して「脅威」を克服していきましょう。

25 内部の環境分析は、外部に対する「強み」と「弱み」に分けてつかむ

Q 総合家電メーカーのA社の強みは小型化が得意なことでした。製品全般にわたって「小さく、軽く」という商品開発で売ってきましたが、最近は伸び悩んでいます。

一方、ライバルのB社は安いコストでそこそこ質の良い商品をつくって、売上を伸ばしています。

A社経営陣は、

「いいものを出せば必ず売れる。あくまでも、いままでの強みを生かして、小さくて高付加価値の商品をめざそう」

といいますが、現場では必要のない付加価値ではもう売れないのではないかと疑問を持ち始めています。

さて、A社はどうすべきでしょうか？

①強みはいつの間にか強みではなくなっているかもしれない。こだわりを捨てる。

②強みを生かす方針は正しいが、強さが足りない。もっと資金を集中させて画期的な小型化技術を開発し、圧倒的な強さを持てば状況は変わってくる。

③まずは価格を下げて競争力を取り戻す。付加価値が高いのだから、価格が同じならA社の製品が勝てるはず。

問題解決のヒント

本当の「強み」と「弱み」を把握しよう

自分自身では強みと思っていたことが、じつは強みではなかったという場合、勝負に勝つことはできません。

「自分が考えている強みは、本当に強みとなっているのか？」

「自分の弱みは何か？」

この２つを把握して初めて、「強みを生かす」ことができるようになります。

企業にとって強みは大切なものです。とくに強みの中の強み、他社に簡単に真似できないような特色ある強みは「コア・コンピタンス」と呼ばれます。**コア・コンピタンスは競争力の源泉です。これを守り、維持し、伸ばすことで企業は大きく成長することができます。**企業の経営資源をそこに集中させ、事業の多角化を図ることで拡大していくのです。

「弱み」は「強み」でフォローできる!?

内部環境とは自社内の状況のことです。大まかに「強み」「弱み」の２つに分けてつかみます。自社の強みだけでなく、弱みも考えることが必要です。弱みはフォローしなければなりませんが、一番いいのは、強みで弱みを補うことです。その強みがあれば弱みなんてどうでもいい、と顧客に思ってもらえる状態がベストです。

コンビニ戦略の定石《じょうせき》に学ぼう

たとえばコンビニエンスストアを見てみましょう。コンビニの商品点数は平均して約３０００アイテムといわれています。スーパーや百貨店に比べるとはるかに少ない数字です。アイテム数の少なさは小売業にとっては弱みとなります。だからコンビニは死に筋商品を徹底的にカットすることで対応しているのです。これは弱みに対する真正面からの対処です。

しかし、コンビニはこの弱みを補う強力な強みを持っています。24時間営業、立地のよさなど、顧客にとってなくてはならない価値

SWOT分析その2 内部環境

自社の状況を「強み」と「弱み」に分けて把握する

（例）コンビニエンスストアのSWOT分析

自社	24時間営業 立地のよさ 多頻度納品 強み（S）Strengths	商品点数が少ない 定価販売 弱み（W）Weaknesses
外部	機会（O）Opportunities 深夜の利用客増加 ATM設置	脅威（T）Threats 商品点数が多い（スーパーなど） コンビニ同士の競争過熱 スーパーの深夜営業参入

強力な強みがあれば、多少の弱みはフォローできる！

を提供していることです。その便利さを考えると、「品ぞろえが少ない」という多少の弱みは顧客の目には入ってこなくなります。このように、**強みで弱みをフォローするのは戦略の定石なのです。**

強み・弱みを判断するときは、顧客の視点から判断することも忘れてはいけません。**強み**だと思っていても、顧客が魅力を感じなければ強みとはいえません。逆に、弱みについても同じことがいえます。**強み**・弱みの判断では、社内の判断と顧客の判断が食い違うことがあるものです。

自社と外部の**強み**・弱みを分析するには、上の図のような「SWOT分析」が便利です。

A ① point

「SWOT分析」を使って、自社の強みと弱みを把握しましょう。時代や顧客が求めているかどうかも、つねに考慮しましょう。

26 「売れる仕組み」をつくり出す〝ワンランク上〟の考え方

Q 自動車メーカーのA社は技術力に定評があり、業界では「優等生」といえる企業です。安全性や軽量化、厳しい環境基準をクリアしており、その水準は高いレベルにあります。業界トップではないものの、技術開発の分野では比較的リードしている位置を占めています。それだけの技術を持ちながら、価格も一定以下のレベルに抑えています。

新製品発売前に自動車評論家や先進的なカーマニアに試乗してもらうと、かなりいい評価が得られるのです。

しかし、実際に売り出すと、いつも苦戦をしています。リピート客が少ないのです。そこそこ満足しているのに、いざ買い替えとなると、よそのメーカーの自動車を買ってしまう客が多いのです。

どうすればよいのでしょうか？

①新規顧客を開拓すれば売れる。
②顧客ニーズを把握し、「高品質」の定義を見直す。
③さらに価格を下げれば売れる。

問題解決のヒント

「顧客が求める価値」を見きわめよう

顧客がリピートしないのは、「この商品でなければならない」という理由がないからです。

ほかの商品でも代替がきくものであれば、簡単に浮気をしてしまいます。自分たちが提供している価値が顧客にとってなくてはならないものになっているかどうかを考えてみましょう。

技術力の高さといっても、自己満足になっていないでしょうか？ 車の加速力などの基本性能が高いのか、室内の居住性や使い勝手がいいのか。

自分たちの強みを表現するときも、ただたんに「車として品質が高い」では漠然としすぎています。どんな品質なのかを考えてまとめてみましょう。

「戦術レベル」ではなく、「戦略レベル」で勝負しよう

広報宣伝やマーケティングの手法などの戦術もたしかに大切ですが、最も大切なのは**戦略**です。製品をつくってしまってから「売る手段を考える」のではなく、最初から「売れる商品」「売れるしくみ」を考えるのが**戦略**です。

戦術レベルで何とかしようと考えると、広告宣伝にお金をかける、営業力の強化のために多くの人間を投入する、値引きをするなど、体力勝負になりがちです。

商品をつくってから売る手段やしくみを考えるのではなく、**そも「何をつくれば売れるのか」**を考え、**売れる商品をつくることから始める**のが王道です。**戦略**は戦術を凌駕《りょうが》するのです。いかなる戦術も、**戦略**には勝てません。

「見えないニーズ」を探し出そう

まず、「売る方法」ではなく「売れる製品」を考えましょう。そのためには顧客ニーズの把握が必要です。

ただし、顧客のニーズの高さや市場規模の大きさだけを見て「ニーズが高い」と判断するのでは足りません。

すでに顧客のニーズが明らかにあるとわかっている市場規模の大きなところには競合企業が存在し、激しい競争が起きているからです。市場内に競合商品がたくさんある場合、同じような製品を投入しても、よほど安くしない限り勝ち残

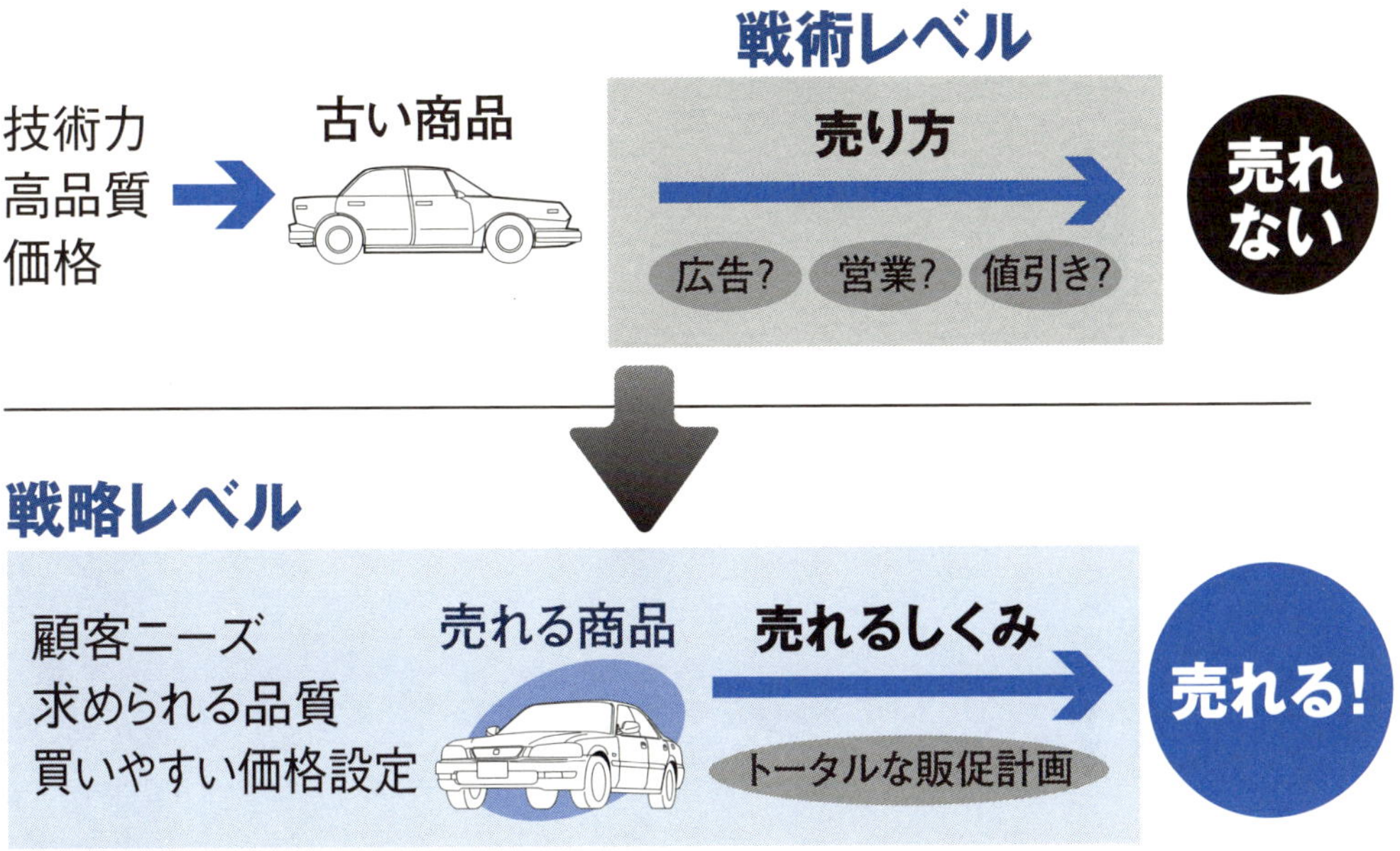

顧客にフォーカスを当て、顧客が何を考え、感じているのかを把握した戦略を！

れません。

　薄利多売の商売は、リスクの高い方法なのです。リスクを低くし、かつ確実に売れるようにするためには、**まだニーズと認識されていない「潜在ニーズ」を探し出すことが必要です**。

　顧客のニーズは、製品そのものの品質や価格だけではなくなっています。顧客が求めているものは何かを考え直してみましょう。たとえば安全性、快適な空調、オプション、アフターサービス、納期の短さなども品質の一部ではないでしょうか。

　これからの時代、顧客ニーズを、技術面だけでなく、多面的に見る必要があります。

A ② point

顧客が求めるものを把握したうえで、戦略レベルから取り組んで「売れる商品」「売れるしくみ」を考えましょう。

27 仕事を邪魔するムダ・ムラ・ムリを退治する「ダラリの法則」

Q 大野さんは中学生の娘を頭に3人の子どもを持つ主婦です。残業ばかりの夫と子どもたちの世話で、毎日、目が回るほど忙しい思いをしている中、ついに過労から体調を崩してしまいました。心配した子どもたちが対策を考えています。

「何がそんなに忙しいの？」

「えーっと、昨日は朝、お弁当と朝ごはんつくって、パパを駅まで送って、帰ってから掃除して、洗濯でしょ。洗濯物が多かったから、いつもより時間がかかったわ。買い物だって、駅前のスーパーだけじゃ足りなくて、遠くの店まで行くこともあるし。そうそう、ガスコンロの具合がおかしいから、ガス会社の人を呼んで見てもらったから、晩ごはんの支度《したく》が遅れたのよね……全部必要なことだから、どれかをやめるなんてできないわよ」

とにかくお母さんが忙しいことはわかりましたが、何がどう忙しいのか、どうしたら少しでも仕事を減らせるのかがわかりません。

問題点を整理するには、どうすればいいのでしょうか？

①炊事に何分、洗濯に何分と、仕事の記録をつけて集計してみる。
②まず、大変だと感じている仕事を書き出してもらう。
③忙しいのが好きな人なので、放っておく。

問題解決のヒント

効率化できる点を洗い出す「ダラリの法則」

ムダな仕事が何かは、渦中にいる人には見えないことがあります。本人は必要な仕事だと信じて疑わないからです。家庭内だけでなく、物流や生産など、さまざまな場面にムダがひそんでいます。

仕事の一連の流れの中に省力化できるところを見出すいい方法があります。問題点を洗い出していくのに使われる「ダラリの法則」という考え方です。

「ダラリ」とは「ムダ・ムラ・ムリ」の3つの略です。**非効率的な仕事は、だいたいこの「ムダ・ムラ・ムリ」のどれかに当てはまります。**もともと管理工学の分野で、業務改善、作業の効率化の際に使われていた言葉ですが、通常の業務や身の回りの仕事を省力化するときにも役に立つ考え方です。

ムダを見つけるポイント

歩くムダ、運ぶムダ、繰り返して発生する仕事、やり直しの発生、調整の手間、チェックの手間、在庫、つくりすぎ、過度の複雑さなどには「ムダ」がひそんでいます。たとえば冷蔵庫の中に賞味期限の食品があったら在庫のムダ、お金のムダ、エネルギーのムダということになります。

仕事でも、似たような資料を何度もつくり直したりしていないでしょうか？　同じ資料でこと足りるのであれば、フォーマットや体裁を変えただけのような類似の書類をつくるムダはなるべく省きたいものです。

ムラを見つけるポイント

「やり方のムラ（仕事の標準化ができていない）」「忙しさのムラ（特定の人に仕事が集中）」「気分のムラ（上司の気分で判断基準が変わる）」「成果のムラ（仕上がり品質にムラがある）」などがよく見られます。この家族のケースで

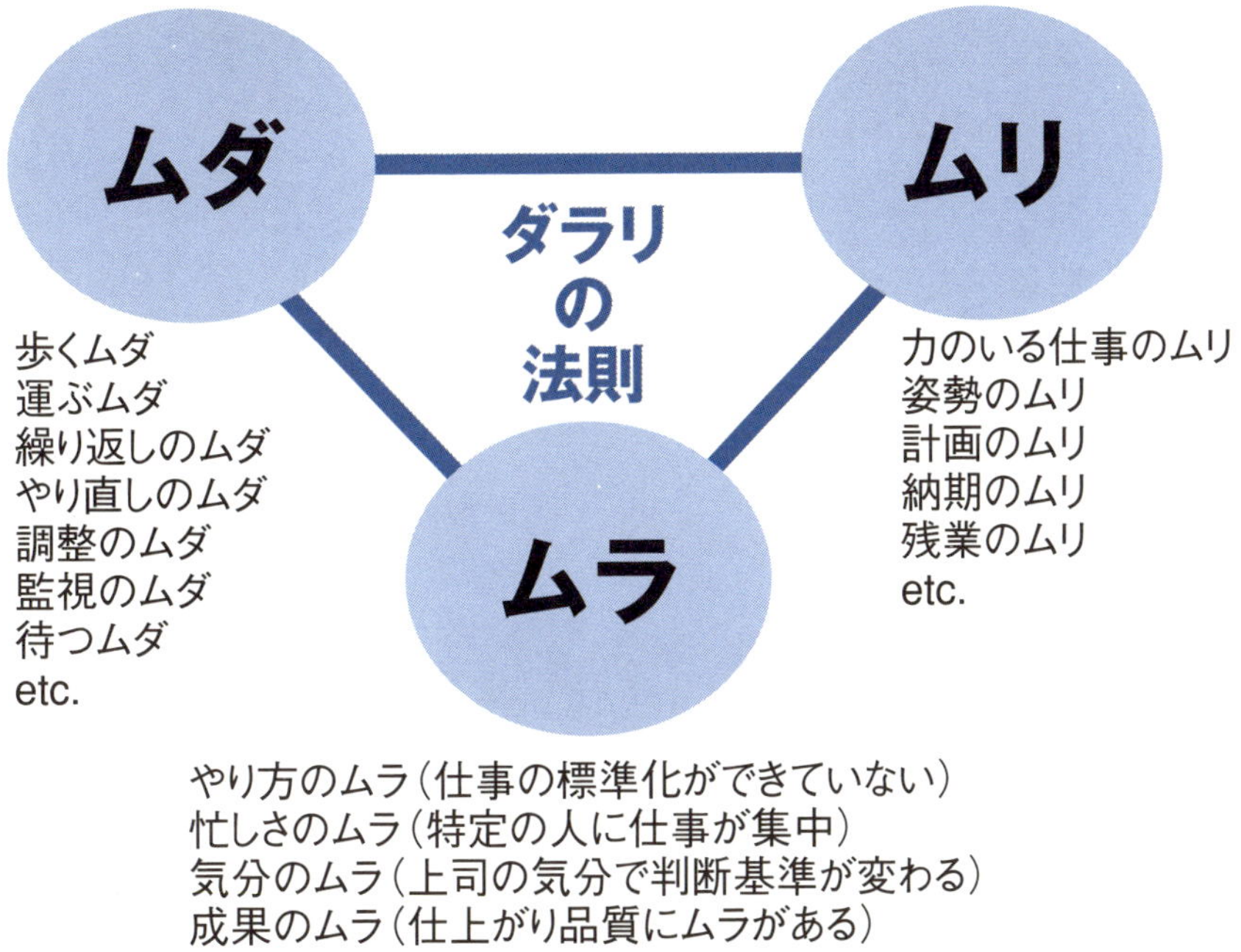

「ダラリの法則」で問題点を洗い出そう!

は、忙しさがお母さんに集中しています。

ムリを見つけるポイント

力のいる仕事、不自然な姿勢や注意力をずっと維持していないとできない仕事などはムリな仕事です。

高いところに重い鍋《なべ》が収納してある、キッチンが低くて中腰気味になるなど、体に負担がかかる仕事にはムリがあります。小さなことのように思えますが、繰り返し発生する作業の場合には全体の効率を低くします。

仕事でムリな計画を立てたり、ムリな納期を設定したりしていないでしょうか？　そういうムリは、やがて残業続きの生活を招き、体のムリとなってきてしまいます。

A　②（①も有効）

point
「ダラリの法則」で問題点を見つけて仕事を省力化しましょう。

28 意欲が途切れず、迷いもなくなる「ゴール設定」の効果

Q ある工場に、経費削減のためのコスト削減要請が来ました。このところ毎年のように「1%減」「3%減」という全社一律の削減要望が来ています。

最初のころは、ちょっと考えただけでもムダな部分が見つかりましたが、改善を繰り返すうちにムダな部分はそぎ落とされ、なかなか見つからなくなってきました。最近ではコスト削減にずいぶん苦労するようになっています。しかし、本社からは今年も1%のコスト減の要請が来ました。

購買部門の若手社員堀君は、自社のキャッシュフローがいいことに目をつけて、原料納入企業に、「手形取引をやめてキャッシュで払うので、もう少し納入金額を下げてもらえませんか？　納品時の検品作業もうちでやりますから、御社の業務も減りますよ」

と持ちかけました。納入企業にとっても好条件だったらしく、3%の納入価格の引き下げに応じてくれました。喜んだ堀君が、「この条件をすべての納入企業に掛け合ってみましょう。2～3%のコスト削減ができますよ」

と提案すると、先輩がこういいました。

「今年は全部の企業に掛け合うんじゃなくて、半分だけにしておけ。それで1%減は達成できる。でも、この案はリスクが高すぎるぞ」

堀君は釈然としない気もしましたが、一方で、なるほど、それもサラリーマンの要領か、と思いました。さて、あなたはこの先輩のことをどう思いますか？

①勇気がない　②頭が悪い
③現実的　④やる気がない

問題解決のヒント

終わりのないノルマがやる気をそぐ

堀君の案は自分たちの手間を考えていないので、本当に全体でコストダウンになるかどうかわかりません。自社の検査にかかる人件費が高くなる可能性が大です。

この会社のケースでは、本社も現場の社員も、理想の「改善後の姿」を描いて、それに向かって努力するのではなく、ただノルマによるコスト削減が行われています。

社員から見ると、最終的なゴールを示されることなく、毎年毎年ノルマが課されることになり、改善に対する積極的な気持ちが失われかねません。

まず最終的なゴールを示そう

問題解決を進めるうえで大切なのは、**「改善後の姿はどうなっているのか」「現状はどうなのか」という2つのギャップを認識し、最終的なゴールを明示すること**です。過去1～3年を振り返って何が変わったか、あるいは今後1～3年で何がどう変わっていればいいのかを把握できるようにしましょう。「何が問題なのか」「どう改善すべきか」を考えて全社一丸となって動くためには、この「改善前の姿（現状）」と「改善後の姿（あるべき姿）」を組織全員が認識することが必要です。

内向きの視点からは「あるべき姿」は見えてこない

ゴールを見失ってしまう理由はそればかりではありません。会社の内部や自分のことばかりに視点が集中しているときも全体の方向を見失ってしまいます。「これだけ忙しいんだから、会社も儲かっ

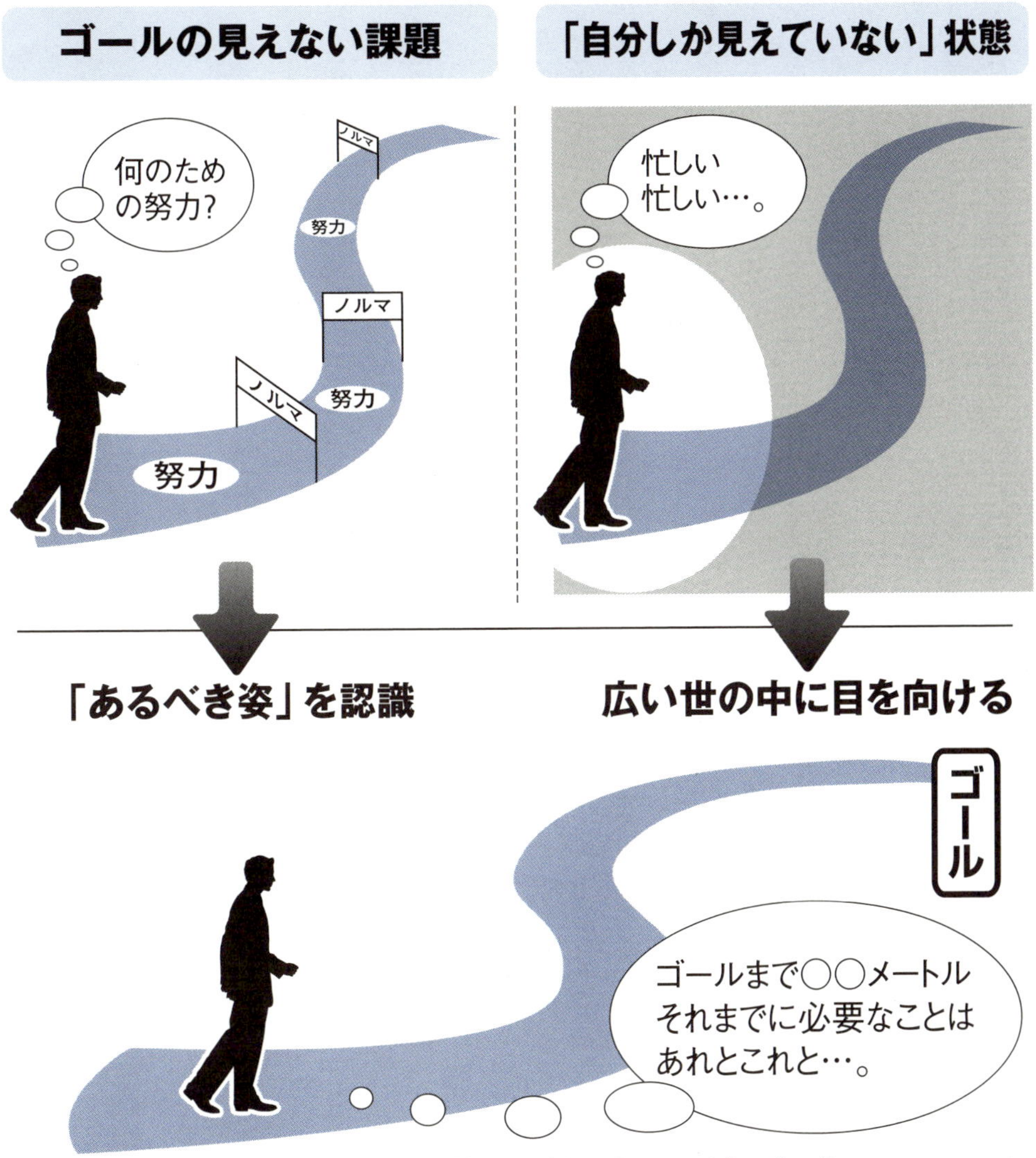
ゴールの見えない課題
「自分しか見えていない」状態
何のための努力?
ノルマ
努力
ノルマ
ノルマ
努力
努力
忙しい
忙しい…。
「あるべき姿」を認識
広い世の中に目を向ける
ゴール
ゴールまで○○メートル
それまでに必要なことは
あれとこれと…。

「現状」と「改善後の姿」をはっきりさせれば、的確に行動できる!

ているはずだ」「これ以上の仕事はもうできない。これが限界だ」という理屈で現状に何となく満足してしまい、上をめざそうという意欲がなくなっていきます。

しかし、世の中の事業環境、顧客ニーズなどは絶えず変化しており、その変化は加速するばかりです。外に目を向けなければ抜本的な問題解決はできないし、改革も進みません。広い世の中に目を向けましょう。**自社内や業界の中だけで考えず、異業種の動き、海外の最新の経営手法などについても積極的に知るようにしましょう。**広い世界を学ぶことで自分たちの「あるべき姿」も見えてきて、現状をよりはっきりと認識できるようになるのです。

A ③ point

改善前と改善後のギャップを認識し「あるべき姿」をはっきりさせましょう。

29 壮大な目標も、大規模な改革も、小さな問題解決から始まる

Q 酒類販売免許の取得が容易になったことにより、大手スーパーやコンビニ、ネット通販の酒類販売への進出が急増しています。太田さんが経営企画室長を務める酒類販売チェーンも、存続のために方向転換せざるをえなくなってきました。

そこで、このチェーンでは、コンセプトを「酒を楽しむ場の提供」に変えることにしました。酒以外に、パーティー用のつまみや惣菜《そうざい》も宅配する、本格的なカクテルをつくれる器材を貸し出すなどの新サービスを開始するのです。

実現のためにやらなければならないことは山ほどあります。販売方針の見直し、新サービスのブランド育成、仕入れ先の洗い直し、人材育成など、太田さんは分厚い計画書をつくりあげ、全国の店長を集めて方向転換についての説明会を実施しました。

しかし、いざ実施に移そうと思っても、なかなか進みません。全国の店長会議で進捗《しんちょく》状況を聞こうにも、欠席者がいたり、進まない理由を説明されたり……。

目標も明確で、計画もきちんとまとめられているのに実行できないのは、なぜなのでしょうか？

問題解決のヒント

①店長たちには寝耳に水。課題を整理し、優先順位をつけて、順に手がけていくべきだ。
②店長たちに、目的がきちんとイメージとして伝わっていない。
③資料の内容がわかりにくい。

解決の基本方針を先にまとめる

今回のように、社の方針やスタンスを根底から変えようとするときに、分厚い計画書を渡して一気に説明されても、実行には結びつけられません。

まず方針を説明して状況を理解させることから始め、優先順位をつけたうえで、「いま、何をすべきか」を提示することが必要です。

解決策を実行に移す場面では、実行する人に目的をわかりやすく理解してもらうために、解決の基本方針を取りまとめて提示します。いきなり詳細に入るのでなく、わかりやすく、「単純明快」が大原則です。

人間が一度に認識して理解できることには限りがあり、3は人間が最も認識しやすい数字、7は人間が一度に認識できる数の上限といわれています。**重要課題は3〜7項目の範囲にまとめるとよいでしょう。**

いままでとの違いを明確にする

解決策をわかりやすくするためにはコンセプトをはっきりさせる必要があります。回りくどい説明では伝わりません。わかりやすく表現するコツは、単純明快をめざすこと、魅力ある特徴を強調することにあります。いままでと何が違うのか、どんな効用や変化をもたらすのかを、はっきり伝える必要があります。

カルロス・ゴーンの問題解決術

日産のV字回復で経営手腕を高く評価されたカルロス・ゴーン氏。彼がやったことは問題解決にほかなりません。

ゴーン氏は、日産を立て直すための最初の計画として「日産リバイバルプラン」を発表しました。コンセプトは「利益の出る体質づ

販売方針の見直し
新サービスのブランド育成
リピート率の向上
人材育成
etc.

解決策もあまりに数が多いと手がつけられない

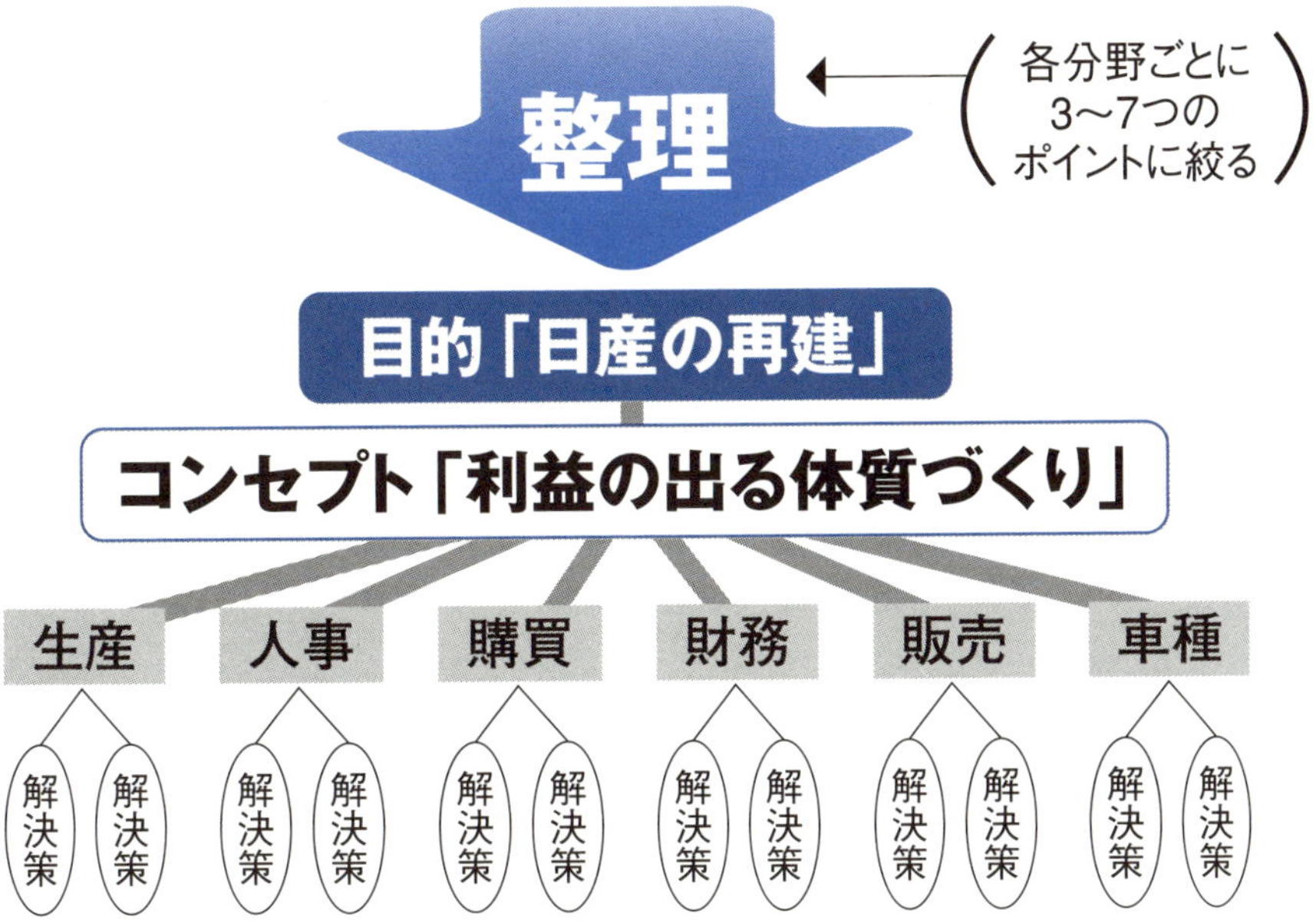

ポイントが絞られていれば、社員各自が「何をすべきか」を理解できる！

くり」です。そして目的を達成するために生産・人事・購買・財務・販売・車種の6分野に**改革のポイントを絞り、各分野での具体的な目標設定を2〜3個程度にまとめました。**ポイントが絞られていたからこそ、社員たちは「自分が何をすべきか」を明確に理解できたのだといえます。

「日産の再建」という大きな目的を一度に達成しようとせず、3年で達成すべき中期目標へ、さらに機能別の目標へとブレイクダウンしたうえで数値目標も盛り込むことで、具体的な到達目標を明確にしたのです。これは、問題解決のステップを、着実にかつ忠実に進めている実例のひとつといえるでしょう。

A ①（②も考えられます）

point
大きな改革も、段階を踏んで、解決策の数を絞って着手すれば達成できます。

30 認識のモレやダブりをなくす「MECE《ミッシー》」の視点とは？

Q A社は肩たたき棒やリラクゼーショングッズなどの健康グッズのメーカーです。健康ブームに乗ってそこそこの成長を続けてきましたが、悩みは効率が悪くなってきたことです。

かつては高年齢層が主要顧客だったのですが、いまや若い世代や中年層がどんどん顧客になっているため、広範囲の客層を相手にする必要が出てきました。新しい客層が出てくるたびに、その層に向けた新商品を開発しますが、かつてのようなヒットが出にくくなってきています。

なぜ、ヒットが出なくなってきているのか。実際に売場を見に行った社長は、自社製品とよく似たタイプの商品が結構多く並んでいることに気がつきました。そればかりか、現在開発中の新商品とよく似たコンセプトの商品が、すでにほかの企業に開発され、店頭に並んでいます。明らかにA社の製品開発の動きは遅れているのです。

A社はどうして、つねにワンテンポ遅れてしまうのでしょうか？

①市場全体が見えていない。場当たり的にしか見ていないので、チャンスを逃す。

②開発に時間がかかっている。短時間で出荷できる体制を築く必要がある。

③最初のマーケティング調査の内容がよくない。

④現状しか見ていない。少なくとも2～3年先を予測すべき。

問題解決のヒント

いま見えているものがすべてではない

いま見えているものがすべてだと思っていると、A社のようにはっきり見えてきた時点でしか新市場を認識できなくなってしまいます。

市場の変化はどんどん速くなっています。新市場が速いスピードで生まれている一方で、既存市場がどんどん衰退しているということを念頭に置いておかなければなりません。

既存市場が衰退したら企業も消えてしまいます。つねに新しく誕生する市場に焦点を当てることが不可欠です。そのためには市場をMECEでとらえることが必要になります。

MECEで見逃しはなくなる

MECEとは「Mutually Exclusive Collectively Exhaustive」の頭文字を取った言葉で、モレやダブりがない状態のことを指しています。視点の抜けやムダの発生を防ぐために重要な考え方です。

まず全体像を把握し、それをモレやダブりがないように細分化していきます。全体から部分へ、マクロからミクロへと視点を移していくのが基本です。つまり「森を見ずして、木や川を見るべからず」ということです。

MECEでモレやダブりをなくす本来の目的は、的外れの努力をなくし、優先順位をつけるためです。全体にまんべんなくエネルギーをかけていたのでは非効率的なので、コストやエネルギーが効果的に使われるようにターゲットを絞り込む必要があります。

MECEは、全体として一番効果的な選択をするための出発点なのです。

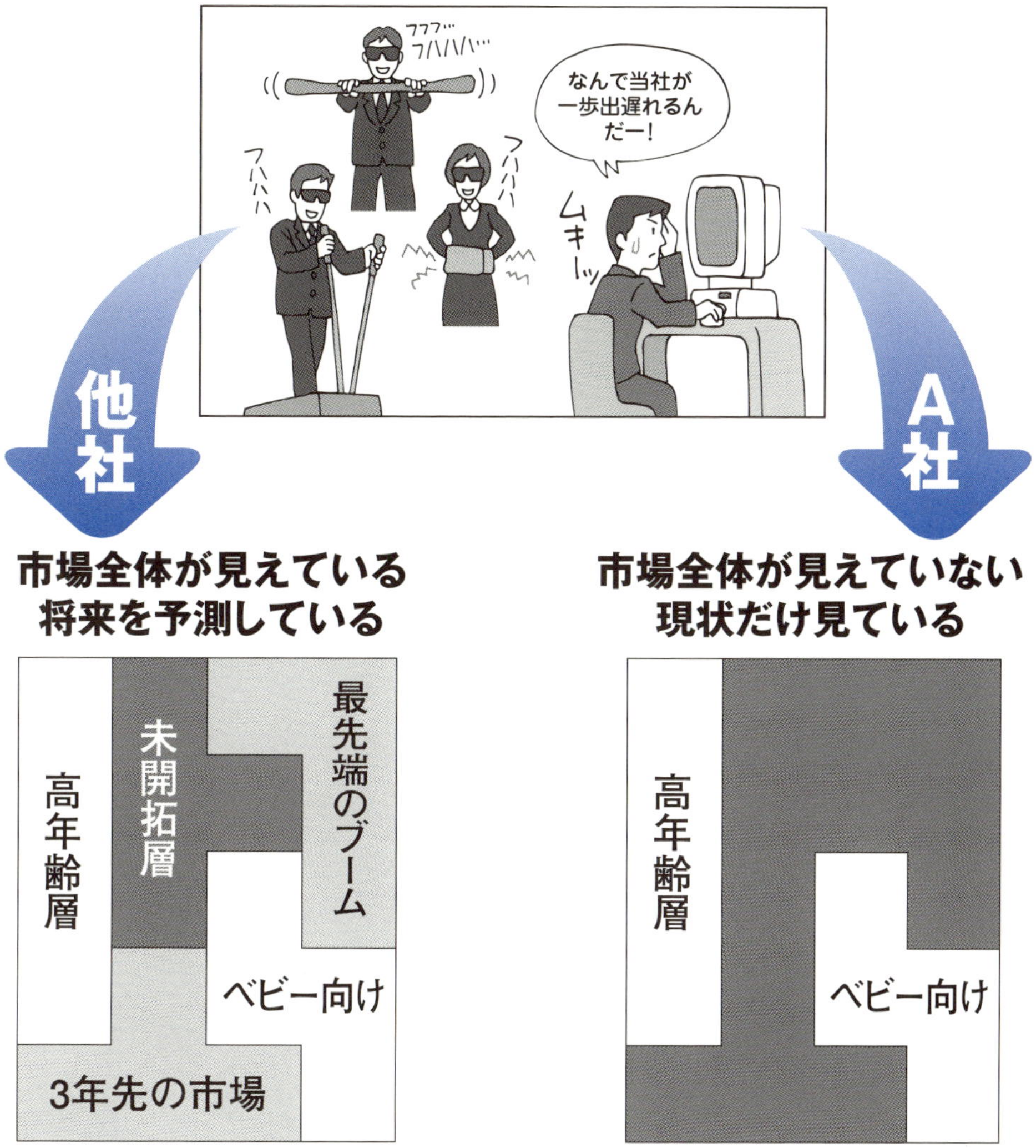

MECE（モレやダブりがない状態）を意識すれば、市場の見逃しは防げる!

市場の変化の兆しをつかもう

モレなく、ダブりなく市場を分けていくことで、「ここはうちの顧客層だが、この層はまだ顧客にはなっていない」といった見方ができるようになってきます。**つねに全体で見る視点があると、市場で起こったちょっとした事象を見ても、先手を打って検証するチャンスをつくることができます。**

しかし、いまの市場しか見えていないと、まったく別の顧客の動きがあったとき、市場の変化の兆しを認識できません。

MECEでモレなくダブりなく見ることで、新たな動きへのアンテナをつねに高感度にしておきましょう。また、分析しすぎたり様子見をしている間にチャンスを逃していることに気づきましょう。

A ①（②、④も可）

point
MECEは、全体として一番効果的な選択をするための出発点です。

31 不況でも売れるものにはワケがある！ 一瞬で伝わる「コンセプト」の力

Q 平田さんは手づくりパンの店を構える職人です。材料はすべて平田さん自身が生産者と会い、これはというものを厳選して使っています。また、職人気質のところがあって、年に1回はヨーロッパに行って、パンづくりを見学させてもらったり、試食して回ったりしています。自分の技術の向上にも余念がありません。新商品をつくることも忘れず、惣菜パンなどの新メニューをつねに考えて出し続けています。味もよく、常連客からはおいしいと評判の店なのです。

しかし、近所に大手のパン屋さんがオープンして、来客数がガクンと減ってしまいました。このままでは店を維持していくのが厳しい状況です。

悩んでいたある日、息子がやってきて、パソコンで簡単なチラシをつくってくれました。そのチラシを店に置いた日から、お客さんの反応が変わってきたのです。通りすがりの人も、チラシを見てフラッと入ってくるようになりました。思いきって新聞に折り込み広告を入れてみたら、お客さんの数も増えてきました。

さて、このチラシには何が書いてあったのでしょう？

①店の紹介と商品一覧
②手づくりパンのレシピ
③店のコンセプトと、それをイメージできるパンの写真
④材料の安全性を示すデータ

問題解決のヒント

明確なコンセプトは一瞬で伝わる

モノがあふれている時代に顧客の目をとめるには、まず一瞬で注意を引き、同時にその商品の価値を伝えなければなりません。とくに「ほかとどう違うのか」を明確なメッセージとして伝えることが必要になります。それにはまず、**コンセプト**は何かを考え、表現することです。

コンセプトとは、特長を短い言葉で表したものです。とくに、ほかと違う点、決定的に差別化された点を明快に言い表したものです。

新事業を起こしたり、新商品を考えたりするとき、複雑に考えて、ポイントをいくつも並べていては、特長のあるものをつくることはできません。相手にも明確な意思を伝えることはできないでしょう。

たとえばコンビニエンスストアの**コンセプト**は「家庭の冷蔵庫代わり」です。必要なときにいつでも利用できるよう利便性を追求したビジネスモデルです。

コンビニエンスストアの特長を箇条書きにしてみましょう。

・24時間営業
・必要なモノがそろう
・気軽に歩いて来店できる商圏
・POSシステムによる商品管理

ほかにもいろいろあるでしょう。しかし、これらの項目を箇条書きにして説明されても、パッと見て伝わるわけではありません。

しかし、「家庭の冷蔵庫代わり」と説明されると、顧客にとっての位置づけ、持っている機能などを一言で表現することができます。

さまざまな特長を表現しようとするあまり、無難な表現になってしまっては伝わりません。パッと伝わるためには、とがっていることも必要なのです。

コンビニエンスストアの特長	コンビニエンスストアのコンセプト
24時間営業 必要なモノがそろう 気軽に歩いて来店できる 多頻度納品 POSシステムによる商品管理 ・ ・ ・ ・	**冷蔵庫代わりにお使いください！**
伝わらない	伝わる

コンセプトがはっきりしているものは売れる！

新商品にも、解決策にもコンセプトが必要

デフレ不況といわれていますが、**コンセプトがはっきりしているものは、やはり売れています。**たとえば、水蒸気加熱という画期的なコンセプトを打ち出した電子レンジ「ヘルシオ」（シャープ）は、成熟市場、飽和《ほうわ》市場といわれる環境の中でも売れました。ほかと違う価値が明確で、印象に残るものは購買に結びついているのです。

解決策についても同じことがいえます。「何をどうすべきか」「あるべき姿」は、くどくど説明していても伝わりません。**一言で明確なビジョンがわかるようなコンセプトを用意しておくこと**が、解決策を練るうえでも、実行するうえでも必要なことなのです。

A point ③

どんな商品なのかが一目でわかるように、まずコンセプトを考え、表現することです。

32 小さな「改善」の積み重ねで慢性的な問題は解決できる

Q 通信販売業A社の物流センターでは、注文があった商品を取りまとめて梱包《こんぽう》・発送する作業を行っています。商品間違いのクレームが多発しているのを受け、所長はなんとか配送ミスを減らしたいと考えていました。

注文書を見ながら倉庫から商品を集め、箱詰めするのは「ピッキング部門」です。派遣社員やパートタイマーを10人使って1日に1500件の注文をさばくこの部門でミスが発生しています。

ピッキング部門のグループ長は、メンバーに「ミスがないよう注意すること」「ピッキングが終わったら、最後に必ず伝票と照らし合わせて確認すること」と、ことあるごとに注意していました。しかし、なかなかミスの発生率は低くならず、クレームの数も減りません。

ピッキング部門が改善すべきことはなんでしょうか？

①個人のミス発生率を把握し、ミスが多いメンバーは入れ替える。
②あれこれ指図するのではなく、最終的にミスを1カ月後に20%減らすという目標だけを与え、メンバーの自主性に任せる。
③新しい物流システムを導入して、人手によるピッキングの部分を極限まで減らす。
④メンバー内で現状を調べてミスの発生しやすい状況を洗い出し、みんなで対策を考える。

問題解決のヒント

「改善」とは何か？

20ページで、問題には「発生する問題」「発見する問題」「創る問題」の3種類があると説明しました。

改善とは、慢性化した問題（「発見する問題」）の解決を積み重ねて現状をよりよくすることです。部や課など、できる範囲で、目の前のことを一つひとつよりよくする作業を、レンガの積み重ねのように続ける必要があります。

たとえば今回のケースでは、次のような**改善**が考えられます。

・間違えやすい商品の配列を変える（メーカーごとの棚を、商品カテゴリー別に並べ替える）
・注意を喚起する工夫をする（間違えやすい棚にラベルを貼る）
・オペレーションの工夫をする（チェック専門の担当者を置く）

このような**細かい対応の積み重ねで現状をよりよくしていくのが改善です。**

改善は現状の延長線上に積み重ねていく連続的な活動です。現状を調べ、問題点を洗い出し、対策を行い、結果を見る、というのが**改善**の基本的なステップです。効果があれば、ほかの職場やラインにも適用して、全体の**改善**に役立てます。部や課など、個別の組織の中で、できる範囲でよりよくする**改善**は、業務効率を向上させるために欠かせません。

日本の製造業を支えてきた「改善」

かつて日本の製造業ではTQC（全社的品質管理・Total Quality Control）活動や小集団活動などが盛んに行われていた時期がありました。部や課の中で小さなグループをつくり、ワークフローに実際に携わっているメンバーが取り組んだこうした**改善**活動の積み重

改善のステップ

1. テーマ設定
2. 現状分析
3. 原因究明
4. 解決策の立案
5. 解決策の実施と効果の確認

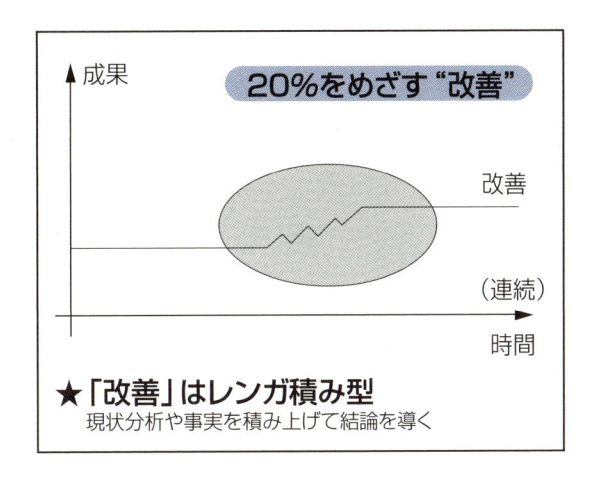

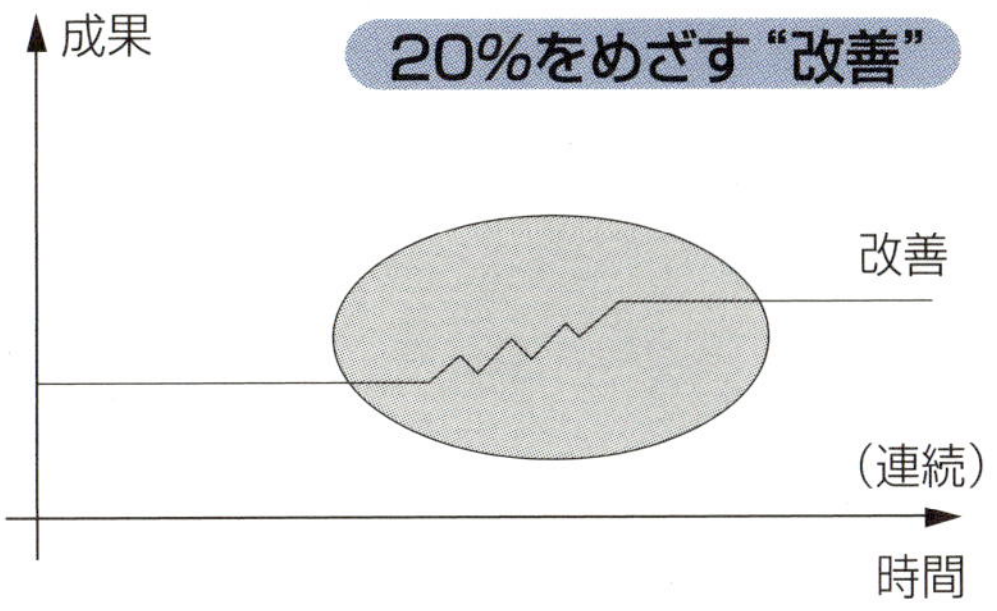

★「改善」はレンガ積み型
現状分析や事実を積み上げて結論を導く

時間がかかるが着実

改善は「20%、レンガ積み型」で行う!

ねにより、日本の製造業のオペレーションは大変高度なものになりました。このオペレーション能力の高さが日本の競争力を大きく飛躍させる原動力となったのです。

改善率は“20%”を目安にしよう

改善活動には地道な努力が必要で、一気にできるものではありません。**長期間にわたって継続的に取り組んでいく必要があります。**

一度できあがったオペレーションやワークフローを見直し、効率や品質の向上をめざすのですから、継続的に現状を把握し、問題点を発見していかなければなりません。

改善は20%という数字が目安になります。不良品を20%減らす、作業効率を20%上げる、といった目標を設定するといいでしょう。

A point ④

「改善」は、慢性化した問題の解決を積み重ねて、現状をよりよくすることです。

33 「できるか、できないか」ではなく「どうしたらできるのか」を考えよう

Q 前の問題で登場した通信販売業のA社は、顧客満足度の向上をめざし、全社をあげて業務改善を始めました。クレーム一つひとつの再発防止策を考え、実行するのです。現場レベルで週1回のミーティングを行いながら、「発覚したミスについては原因をきちんと調べて再発を防ぐ」「ミスを起こしそうな案件を未然に洗い出して予防策を取る」といったことを続けています。

　小宮山さんがセンター長を務める物流センターでも、地道な取り組みのかいあってか、ピッキング作業のミスが少しずつ減り、クレーム数の減少と顧客リピート率の上昇という形で効果が表れてきました。かつては10%程度だったリピート率が、15%ぐらいまで上がってきたのです。

　小宮山さんにしてみれば、部下はよくやっているし、ねぎらってやりたいと思うのですが、社長はそうは思っていないようです。

「リピート率30%をめざせ！　よその会社では70%を達成しているところもあるというぞ。なぜうちではできないんだ！」

　これが社長の言い分です。

70%を達成している企業とは客層や購買特性、商品の性質が違うため、同じ土俵では考えられないと説明するのですが、社長はどうしても納得しないのです。この社長の意見について、あなたはどのように思うでしょうか？

①要求水準が高すぎる。可能な範囲で目標を設定し直すべき。
②たしかに高い要求水準だが、達成できる方法があるかどうかを積極的に考えてみるべき。
③いきなり30%というのは厳しいが、いまのやり方を地道に積み上げていけば達成できる。

問題解決のヒント

「改革」とは何か？

改革とは「創る問題」を解決する活動です。改善との大きな違いは、まず「あるべき姿」を考えるところから始まるということにあります。現状から大きく方向転換した姿を描き、そこへ至るまでに解決すべき課題を洗い出し、最終目標を達成するためのシナリオを描いて実行する、というプロセスを踏みます。**全社で方向を変えようとするときなどは、改革型で進めることが欠かせません。**

　改革では、「あるべき姿」を決めない限り、問題点を洗い出すことも進めることもできません。また、改革は、やってみなければわからないという無責任な進め方では成功しません。解決策を決めるにあたっては、やり直しがきかない資源配分を、覚悟を決めて意思決定することが必要です。

改革は"50%"をめざそう

　改革には50%という数値が目安になります。コスト半減、リードタイム（発注から納品までにかかる時間）半減、売上倍増などをめざすのです。

　「できるかできないか」という議論ではなく、「どうやったらできるのか」を考えるのが改革の発想です。現場が自分たちの枠組みの中だけでやろうとしても、手をつけられることには限界があります。その限界を超えるためには、全社で動くことが必要です。

改革のステップ

1. テーマ設定
2. 「あるべき姿」の明確化
3. 現状分析
4. 解決策、代替案の実行
5. 意思決定（代替案の評価と選択）
6. 解決策の実施と効果の確認

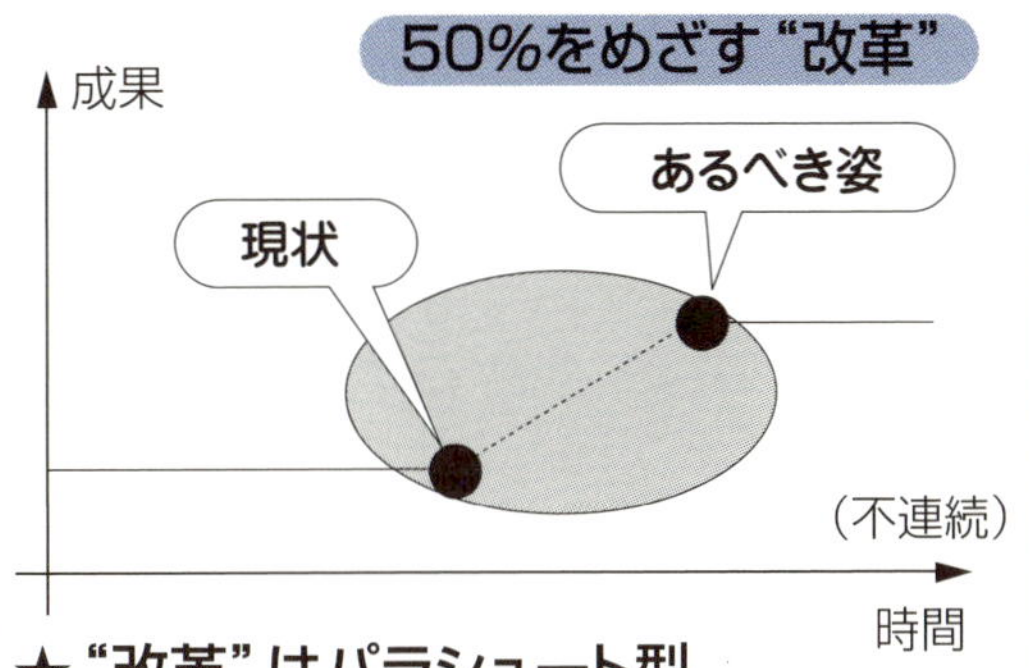

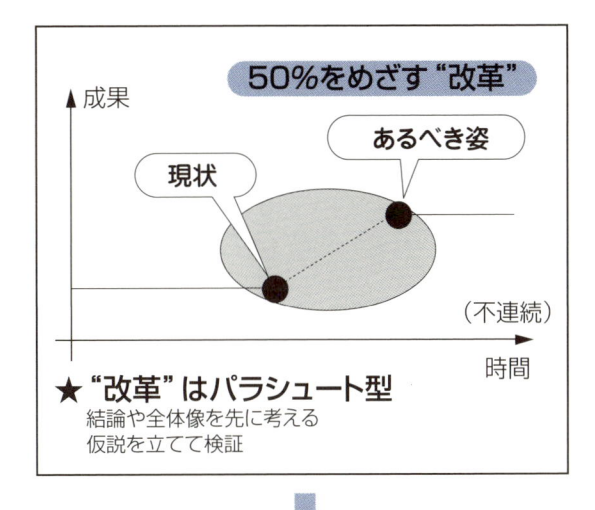

★“改革”はパラシュート型
結論や全体像を先に考える
仮説を立てて検証

目標や進むべき道が明確でムダがない

改革は「50%、パラシュート型」で行う!

改革の道筋を誰が決めるか?

今回の設問の社長も、いっていることに間違いはないのですが、数値目標だけでなく、全体としてどう進めるのかという道筋を示す必要があります。

改革における解決策は、他社の事例をそのまま自社に当てはめれば成功するとは限りません。企業によって、取るべき道筋はいくつでもありえます。

その中で、**どの道筋を選ぶのかというシナリオの決定は、経営トップ自身にしかできない**ことなのです。そのシナリオを描くこと、そしてそれを提示することは、経営トップ、チェンジリーダーの責務なのです。

A ②

point

一見ムリでも、まずは達成する方法を考え、発想を転換して実現するのが「改革」です。

34 改善と改革が相互に高め合って無敵の発展サイクルを生み出す

Q A社の経営企画室長は情報収集に熱心です。新しい経営手法やマネジメント手法について、真っ先に仕入れては、社内に導入の必要性を説いて回っています。

５年前に生産工程の改革といってSCMを取り入れたとき、旗振り役をしたのも室長でした。今度は顧客価値経営への転換だといって、CRMを導入すべきだと社内の説得に回り始めています。

ところが、A社の社長は乗り気ではありません。過去に室長主導で進めたSCMが、思ったような効果をあげていないからです。

室長から聞いた劇的な在庫の削減は実現しなかったし、情報システムの構築にかかる費用は当初の額をオーバーしてしまいました。

「これでは現場の改善活動に任せておいたほうがよかった。新しい経営手法というのも一種のブームで、いずれ廃《すた》れてしまう。飛びついてもいいことはない」

社長はこのように考えています。

さて、この会社の改革がうまくいかないのはなぜでしょうか？

①ブームに乗って改革をやりすぎたから。
②改革のペースが速すぎたから。
③自社に必要な改革かどうか、よく見きわめたうえで導入すべきだった。
④改革の進め方が悪いから。形だけ取り入れても効果は出ない。

問題解決のヒント

その経営革新は本当に必要か？

SCM、CRM、執行役員制度、社外取締役、分社化、M&A、コンプライアンス……新しい経営手法がどんどん生まれています。たしかに経済の記事や書店を見ていると、こうしたキーワードが入れ替わり立ち替わり登場します。しかし、３年もたつと書店でも新聞でも見かけなくなり、別の言葉に関心が移っていたりするものです。

新しい経営手法のことを「経営革新」と呼びます。経営革新をやらなければ、企業風土は陳腐化し、市場の変化に対応できずに競争力を失ってしまいます。

しかし、すべての経営革新が自社に役立つわけではありません。**自社の業種、企業風土、取引先との関係などを多面的に評価して、経営革新の相性を見きわめる必要があります**。

経営革新を導入したのに思ったほど効果があがらなかったという企業の場合、原因は大きく２つに分かれます。ひとつは進め方が悪いケース、もうひとつは導入の目的がはっきりしないままブームに乗ってしまったケースです。

経営革新は経営戦略の重要な構成要素ですが、そもそもオペレーション部分での**改革**です。目的をはっきりさせたうえで取り入れなければ効果はあげられません。

改革と改善の効果的な組み合わせ

改革と**改善**はどちらがより重要なのでしょうか。結論からいえば、**改革と改善の両方を繰り返し継続させることが必要です**。

経営革新のような**改革**をやらなければ、市場変化のスピードの速さに対応が間に合いません。しかし、**改革**は「ワークフローの組み直し」です。組み直したばかりのワークフローには**改善**の余地がたくさんあります。これを一つひと

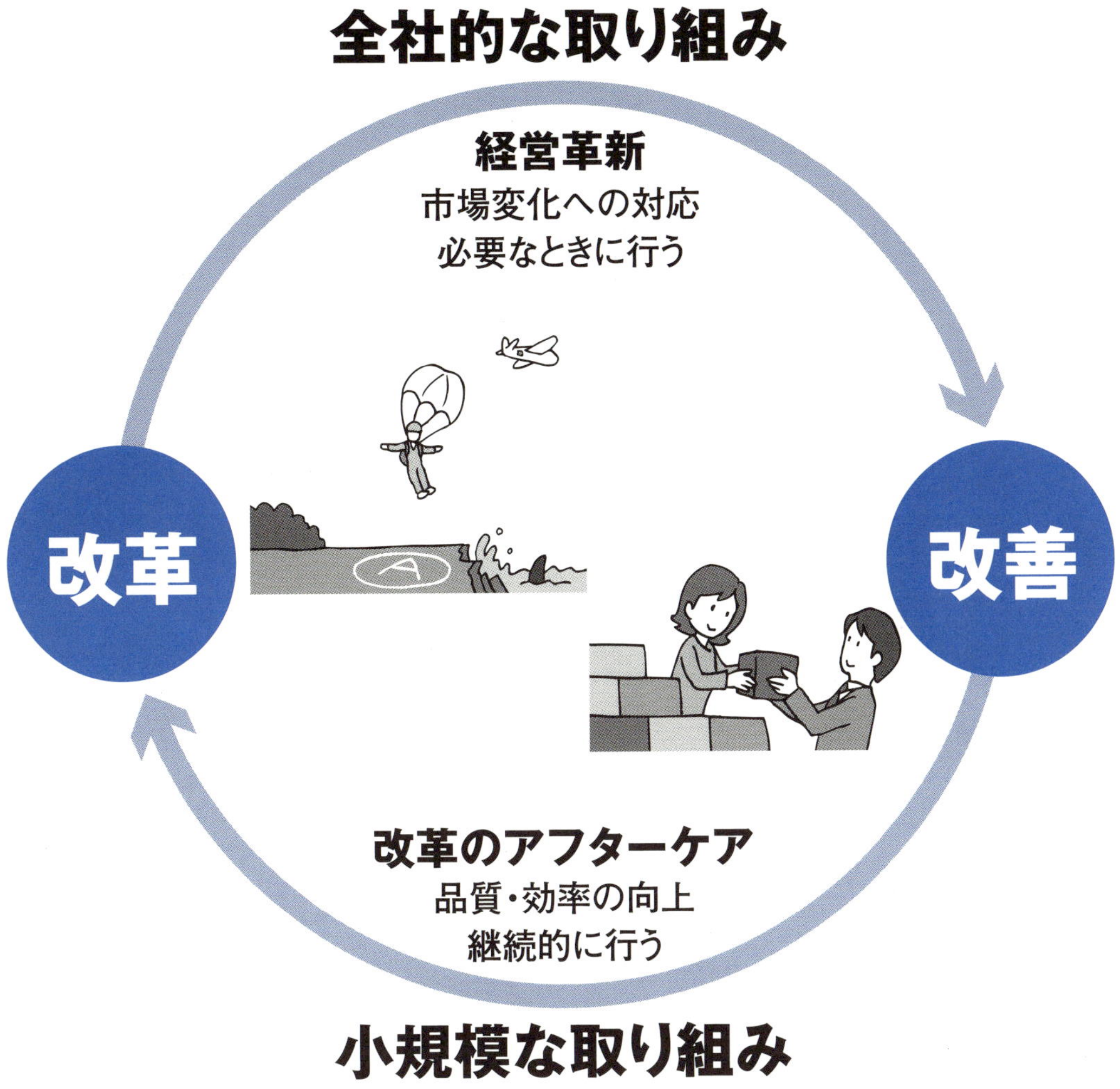

改革と**改善**の組み合わせが確実な問題解決につながる！

つつぶしていくことで、ベストの形に近づけることができます。**改革**の成果を確実に得るためには**改善**が必要なのです。

変化に強い組織のつくり方

たしかに**改善**だけでも、ある程度の効果は得られます。しかし、**改革**や経営革新には、もうひとつ別の効用があります。それは組織を「変化に慣れさせておく」ということです。**成長とは変化することです**。経営マネジメント論の第一人者P・F・ドラッカーは「**改革**や変化は新鮮な酸素と同じで、成長に不可欠なものである」と説いています。変化しようとしなければ取り残されていくだけです。

A ③（④もOK）

point 変化するリスクよりも変化しないリスクが高まっていることを認識し、改革にチャレンジしましょう。

35 仕事の効率化 その1・「捨てる」「やめる」

Q 中村君は文具メーカーの開発部に所属する3年目の社員で、仕事は新商品の開発です。最近は「ユニバーサルデザイン」をキーワードに、どんな人にでも使いやすい文房具が主流になってきています。

しかし、「新商品を開発するには、顧客の声が重要だ」と考えた中村君は、お客様相談室に寄せられるクレームや問い合わせの内容をヒントに新しい商品開発を進めようと考えました。

実際に顧客の要望や問い合わせを見てみると、あまりにもさまざまな意見がありすぎます。いまのユニバーサルデザイン商品に対する満足度は高いものがありますが、その一方で、

「もっとかわいいデザインのものが欲しい」

「持ち運びに便利なように、もっと小ぶりな商品が欲しい」

といった意見も出てきます。どの意見に焦点を当てればいいのかわからなくなってしまった中村君。どうすればいいと思いますか？

①すべての要望に応じるのは不可能。顧客のターゲットをはっきりさせて特徴を出す。

②顧客の声にはなるべく対応したほうがよい。要望の一部を切り捨てるという対応は顧客の不信を招きかねない。

③クレームや問い合わせを分析して、一番多い要望に焦点を合わせて新商品を開発する。

問題解決のヒント

焦点を定めてエネルギーを集中しよう

顧客の要望に着目する姿勢は正しいのですが、すべての顧客に、十分に満足できる商品を提供することは難しいものです。

とくに市場が成熟し、顧客のニーズが多様化している中では、すべての顧客のニーズに応じることはますます難しくなってきています。エネルギー（人、モノ、金、情報などの経営資源）には限りがあるので、すべてにまんべんなくエネルギーをつぎ込もうとしても、かえって中途半端で魅力のない商品になってしまいかねません。

こういう場合は、焦点を当てる範囲を決め、その範囲から外れる顧客については、その市場を**捨てる**ということも必要です。

何かの目的を達成しようとするときは、その目的から判断して「本当に必要かどうか」を判断する必要があります。もし必要ないものなら、なるべく**捨てる**ほうがいいでしょう。

捨てることは、エネルギーのムダを省く、時間のムダを省く、人のムダを省くなど、効果が最も大きい改善の方法です。 **捨てる**ことで余力が生まれ、新しいことを実行する力に振り分けることもできるようになります。

仕事が多すぎる場合は、まず、やめられないかどうかを考えましょう。その出張はどうしても行かなければならないのか、この書類はどうしてもつくらなければならないものなのか、あるいは不採算部門を撤退できないか、まずは「やめる」という選択肢が取れないかを考えてみましょう。

「捨てるリスク」と「捨てないリスク」

いくら「**捨てる**」「やめる」ことの効用がわかっていても捨てられない人がいます。「将来使うか

捨てるリスク ＜ **捨てないリスク**

捨てるリスク
- 将来使うかも
- 役に立つことがあるかも
- 「あったらいいな」

⋮

捨てられない失敗例

中途半端で魅力のない商品
使わない出張用品

捨てないリスク
- 場所のムダ
- 時間のムダ
- 人のムダ
- エネルギーのムダ

⋮

捨てたことによる成功例

客層を絞ったヒット商品
最低限の荷物で身軽な出張

「捨てる」「やめる」は最も効果が大きな改善方法!

もしれない」「役に立つことがあるかもしれない」という可能性を捨てきれないからでしょう。

ものを捨てないことで、その代わりに得られるものが何かを考えましょう。あるいは、ある可能性を捨てれば別の可能性を得られるかもしれないのに見過ごしてしまっていないかを考えてみましょう。

「捨てるリスク」だけでなく、「捨てないリスク」が発生していないかどうかを考える必要があります。

ものを捨てないことで、場所のムダが発生しているかもしれません。「あったらいいな」というレベルのものは、まず**捨てる**対象と考えてみるといいでしょう。

A point ①

すべての顧客を満足させることはむずかしいので、範囲を決め、対象顧客が満足する商品を徹底的に企画しましょう。

36 仕事の効率化 その2・「統合する」「集める」

Q A社は営業効率を上げるために営業拠点を約3分の2に統廃合することになりました。佐藤君が所属する拠点もほぼ同規模の隣の拠点と合併し、人員も3分の2に減らされてしまいました。

この結果、佐藤君の担当エリアは2倍に広がりました。顧客訪問をするにしても、移動時間ばかりが増え、勤務時間は以前より長いのに、一部のお得意様ともご無《ぶ》沙《さ》汰《た》になってしまっています。

これは、この営業所のメンバーの多くに共通して起こっている事態です。結局、統合後の営業成績は統合前の営業成績の合算数字より落ちてしまいました。現場では「本社では効率化できたといっているけど、現場は非効率きわまりない」というぼやきも聞こえてきます。

さて、統合後、この営業所が取れる選択肢の中で一番効率的なのはどれでしょう？

①訪問営業以外の方法を考える。合理的な集客方法（小規模な商談会や説明会など）で顧客を呼ぶ。

②人数を減らした悪影響が出ているので、契約の営業職員を入れる。

③訪問の代わりに電話・FAX・Eメールなどで用事をすませる。

④これまで徒歩と公共交通機関しか認めていなかった移動手段に自動車を加える。

問題解決のヒント

一緒にできるものは統合する

改善の効果が最も高いのは「やめる」ことですが、やめることができなければ、次に「統合する」ことを考えましょう。

たとえば、請求書を発行するにしても、注文を受けるたびに請求書を発行するよりも、1カ月に1回まとめて発行したほうが作業の手間はぐっと減ります。

企業が合併して効率化する、銀行が拠点を統合して効率化するというのも、あるいは買い物は週末にまとめてやるというのも、**まとめてやったほうが手間が省ける**という「統合」の考え方です。状況が許すのであれば、まとめてこなすようにしましょう。

営業活動を効率化する方法

営業活動においては、2回訪問すべきところを単純に1回ですませてしまうということができにくいものです。営業の仕事はたんなるご機嫌伺いだけではないからです。

「顧客のニーズをつかむ」「商品やサービスを提案する」「交渉して受注に結びつける」などの業務を補完するものとして考えられるのは、説明会を開くことです。商品の使い方やサービス内容を説明する、実物を見せる、などの一連の営業活動を、複数の顧客を集めてまとめてやってしまおうという方法です。

顧客とのコミュニケーションを維持しながら営業活動を効率化するためのひとつの方法といえるでしょう。

ものを一カ所に集めるだけで効率アップ！

また、ものをまとめる、集めるというのも統合のひとつです。たとえば、同じものは1カ所に集めておく、そして集めたら置き場所を決める、などといった考え方は

仕事を「集める」改善

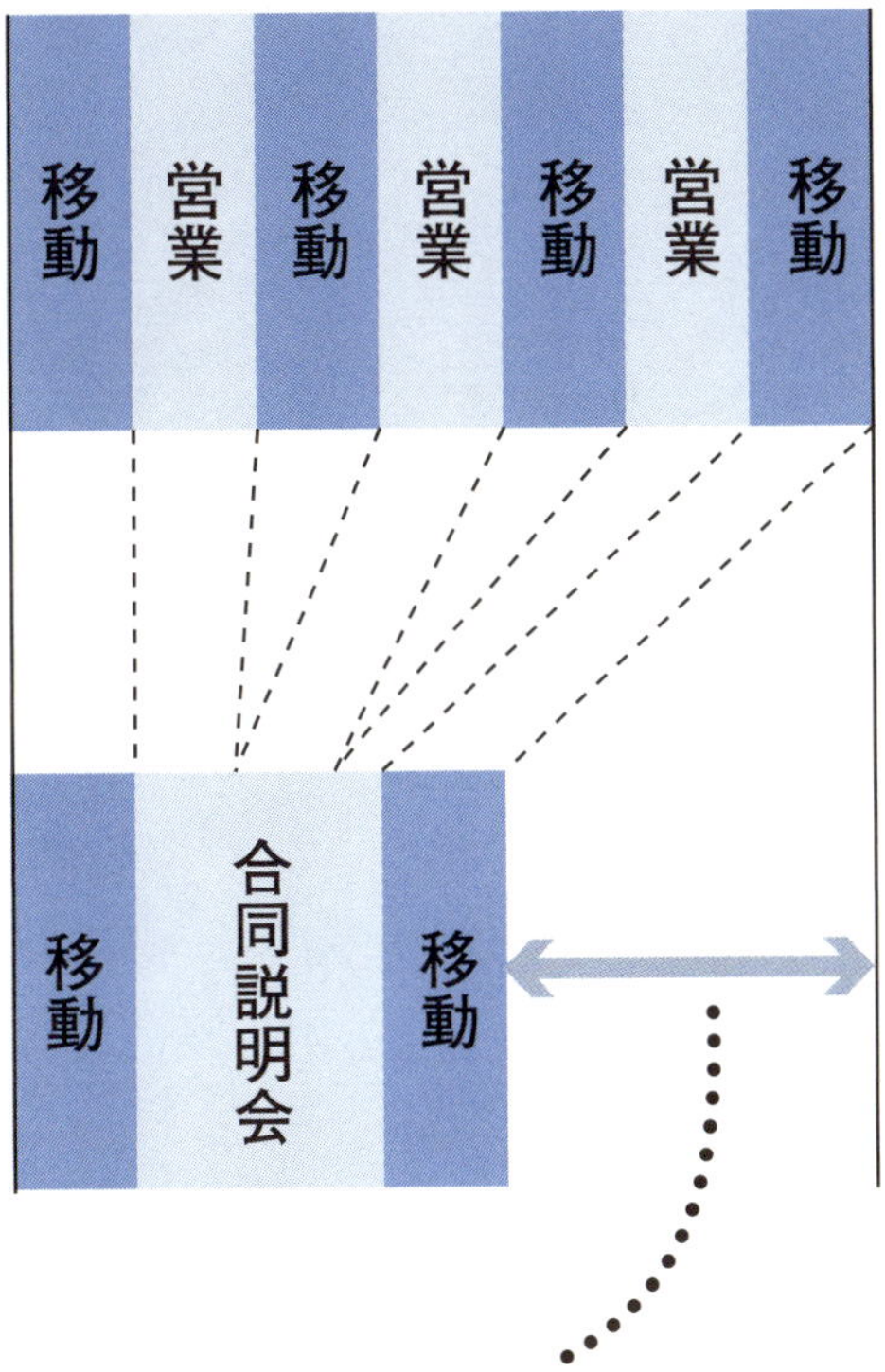

浮いた時間で
より多くの仕事ができる！

（例）請求書の発行を月1回にする
買い物を週末にまとめる

ものを「集める」改善

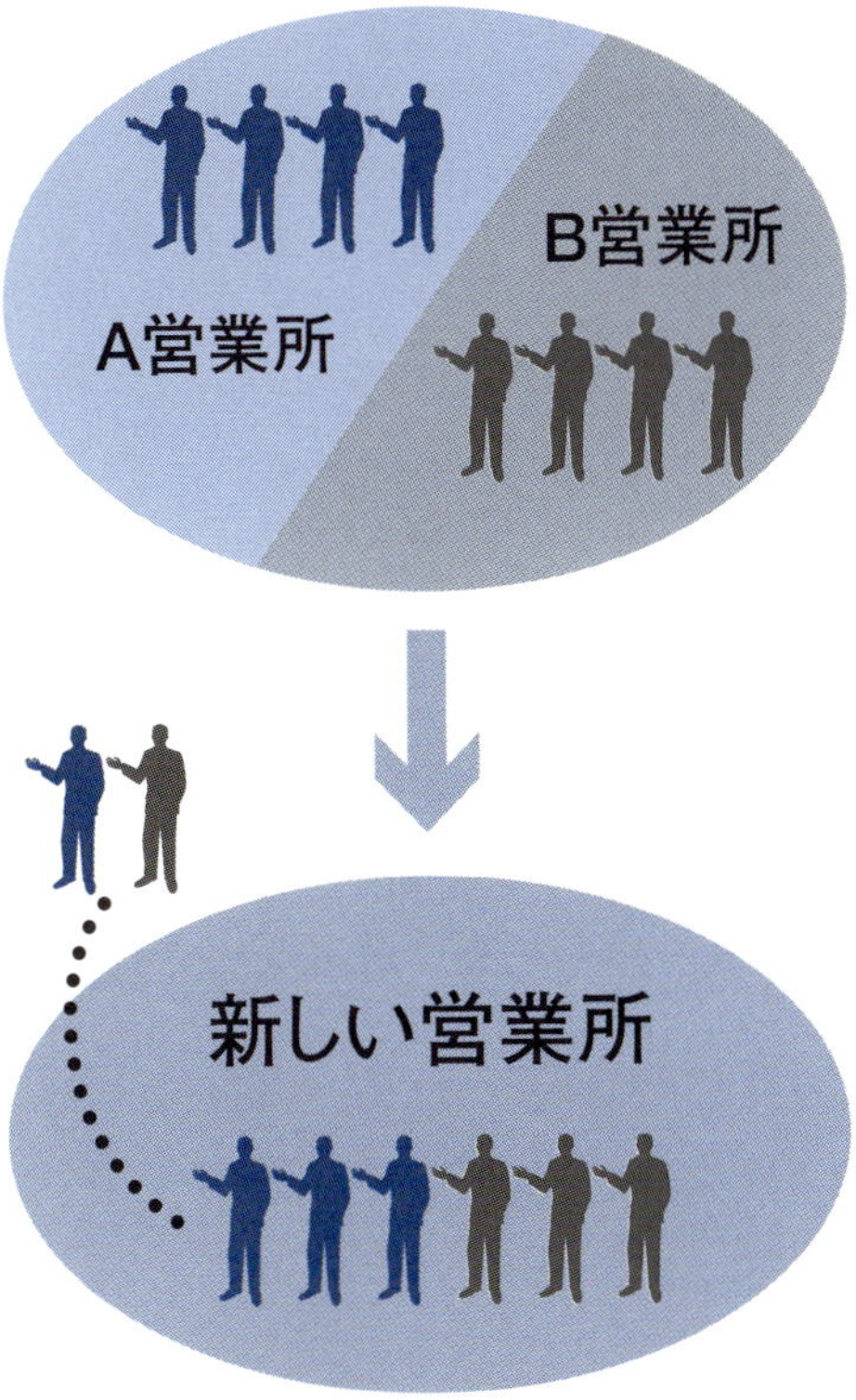

人員のスリム化

（例）銀行の支店統合
掃除用具の整理整頓

「やめる」の次に効果が高いのは「統合する」「集める」改善方法！

A ① point

やめることができなければ、一緒にできるものは統合してしまうのが次善の策です。③の合理化できる部分も積極的に活用していきましょう。

整理整頓の基本です。

整理整頓をしておくと探す手間や時間が省けて効率的になります。また、誰が見てもわかりやすいので、業務の標準化につながります。工場や物流など、作業を行っている現場ではとくに重要です。

家事についても同じ考え方が当てはまります。たとえば掃除をしようというときに、雑巾は流しの下に、掃除機は奥の開きに、バケツはベランダにと、家中駆けずり回らなければならないということはないでしょうか？

ワークフローの流れに従ってものの置き場所を決めることで、取りに行ったり戻しに行ったりというムダを減らすことができます。

37 仕事の効率化 その3・「入れ替える」「代用する」

Q 小学校の先生である山下さんは、4月から6年生の担任になりました。まずやらなければならないことは、学習計画の立案と時間割の作成です。しかし、山下さんに限らず、先生たちには大きな悩みがあります。週休2日制と総合学習の導入です。

国語・算数・理科・社会など、従来の科目に割《さ》くことのできる時間が減ってしまいました。

たしかに学習指導要領で定められている学習内容も減らされているので、一概に無理な制度ともいえません。しかし父兄からは学力低下を心配する声が大きく、従来のレベルを維持することが強く要求されていたのです。

さらに、新しく始まった総合学習の準備に非常に多くの時間がかかるのも悩みのタネです。これまでと同じようなクラス運営を行っていては、満足なレベルの指導ができなくなる恐れもあります。

さて、山下さんが解決策を考えるうえでポイントとなるのはなんでしょうか？

①宿題など、授業時間外での学習方法を考える。
②官庁の方針だからしかたがない。
③研修で教師としてのスキルを高める。

問題解決のヒント

「入れ替え・代用」による効率化

学校教育のように、「この教科をこのぐらいの内容で指導する」と規定されている場合、何かをやめたり統合したりしてしまうことはむずかしくなります。

こうした場合、次に効率のいい改善方法は「**入れ替える**」という発想です。たとえば、計算練習を宿題にするのは「時間の**入れ替え**」です。授業中に行うべきことを授業外の時間で行うことで効率化を図ります。

あるいは、体育の授業を2クラス分、ひとりの先生がまとめて行い、その間にもうひとりの先生が総合学習の授業の準備をする、というのは「人の**入れ替え**」といえるでしょう。

一部の学校では、教師をサポートするボランティアが、プリントの配布、実験の準備、児童の誘導などを行うことで授業を効率化している実践事例が報告されています。こういったことも「人の**入れ替え**」による改善です。

こうした**入れ替えは、抜本的な改革には及ばないものの、小さな改善の積み重ねを繰り返すことによって大きな効果に結びつけることもできます。**

入れ替え、代用の対象として、ほかにどういったものが考えられるかについては左ページの表をご覧ください。

アウトソーシングの注意点

アウトソーシングも**入れ替え**の一種で、いまでは多くの企業に定着しています。

競争力を高めるためにも自社の強みに経営資源を集中させるところが多くあります。

不要な部分はやめて、必要だけれどもコア・コンピタンス（競争力の源泉となる強み）にかかわらない部分はアウトソーシングして自社から切り離してしまうのです。これをコア・コンピタンス経営といいます。

コア・コンピタンスに経営資源

人の入れ替え	ものの入れ替え
役割分担の見直し 権限委譲 etc.	安い部品や材料への変更 機械の入れ替えによる 効率向上　etc.
場所の入れ替え	**時間の入れ替え**
生産拠点を中国に 賃料の安いオフィスへ移転 アウトソーシング　etc.	平日の作業を土日に 日中の作業を深夜に etc.

「入れ替える」「代用する」で仕事を効率化しよう!

を集中することは、その一方でアウトソーシングを増やすことにつながっています。

こうした大規模なアウトソーシングを進めるうえでは注意点があります。外注先は専門性やスキルの高いところに依頼しなければなりません。専門性やスキルが低ければワークフローやオペレーションそのものに支障を来し、顧客に商品・サービスを提供するうえで重大な障害を及ぼしかねないからです。

同じような話は、正社員を派遣社員やパートに置き換える場合にも発生します。自社製品・サービスの品質レベルの維持ができなくなってしまっては元も子もありません。

A ① point

やめたり統合したりできない仕事は「入れ替える」「代用する」で解決してみましょう。

38 シンプルでムダがないデータベースのつくり方

Q 通信販売業のA社は経営基盤を固めるため、顧客データベースを増強することにしました。

顧客の購買履歴や自宅住所などが登録されたデータベースはこの会社の大切な資産ですが、顧客との関係をさらに強化すべくCRMに取り組み始めたのです。そのためには顧客データベースの更新が不可欠でした。これまで持っていた販売管理情報はもちろん引き継ぐのですが、どんな項目を追加するかを決めるのがなかなかむずかしいものです。

マーケティング部門は、可能性を考えて、たくさんの情報を持たせたいという強い意向を持っていました。基本的な顧客の属性（氏名、住所など）、購買履歴だけでなく、問い合わせ履歴、満足度調査の回答結果、A社のホームページへのアクセス状況……。

システムが完成したとき、これで多面的な顧客分析を行うために必要な詳細なデータが得られるとマーケティング部は期待していました。

しかし、稼働後半年たっても、うまく顧客情報を詳細分析することができません。データの項目数が増えすぎた結果、情報がたくさんある顧客とほとんどない顧客が一緒くたになってしまったので、かえって全体概要がつかめなくなり、分析ができなくなってしまったのです。

それどころか、コールセンターや管理部門からは、使うのに手間がかかるようになったといわれる始末です。

なぜ、こんなことになってしまったのでしょう？

①コールセンターや管理部門のデータベースに対する知識が足りないから。
②情報を盛り込みすぎたから。項目数が少ないほうが使いやすいデータベースになる。
③マーケティング部門の分析スキルが低いから。

問題解決のヒント

データベースは万能か？

多くの企業は、顧客の詳細な属性や購入履歴、問い合わせ情報などを一元管理し、商品開発などに活用できる顧客データベースの導入に積極的に取り組んでいます。

しかし、導入した顧客データベースがすべての能力を発揮しているかというと、そうとは限りません。運用のしにくさから、結局は多くの機能が使われず、請求書発行や売上管理などの限定的な機能しか使われていない場合も多々あります。

これは、顧客データベースの項目や構成だけに着目し、「どのような使われ方をするのか」ということを考えないまま設計に着手したために発生したケースです。

「あったほうがいい」と思われる機能や項目を全部持たせてしまうと、システムが複雑になりすぎて使うのにかえって手間がかかることになってしまうのです。複雑だと操作をするときのミスも多く発生します。**システムは単純なほうが使いやすく、ミスも少なくなります。**

顧客情報をどう管理するか

顧客の変化が激しいということは、データベースの更新の手間も

必要な情報を押さえた単純なデータベース		使わない情報まで網羅した複雑なデータベース
	氏名	
	住所	
	電話・FAX	
	Eメールアドレス	
	購買履歴	
	問い合わせ履歴	
	満足度調査結果	
	ホームページへのアクセス	

必要な情報を押さえた単純なデータベース（氏名・住所・電話・FAX・Eメールアドレス・購買履歴）
↓
使いやすい ムダがない

使わない情報まで網羅した複雑なデータベース（氏名〜ホームページへのアクセス）
↓
使いにくい 手間がかかる

使う目的がはっきりしない情報はムダになる!

バカにならないということです。ためっぱなしの顧客情報はあっという間に陳腐化します。どうやって管理していくかを考えておかなければ意味のないデータになってしまいます。

実際に誰が操作して情報をインプット（入力）するのでしょうか？　誰が、いつ、どんな情報をアウトプットするのでしょうか？

システムをつくるうえでは、まずインプットとアウトプットから押さえましょう。とくにアウトプットが重要です。**目的となるアウトプットを押さえ、そこからどんなインプットが必要なのかを明確にしていくと**、ムダがなくシンプルなシステムにすることができます。

A ② point

使う目的がはっきりしない情報は、データベースに載せるだけムダです。

39 代替案と意思決定 その1・「代替案はこの手順で出そう」

Q 広告会社A社の若手社員の間では営業スキルを磨きたいという要望が高まっています。営業力強化のために何ができるのかを議論する中で、営業5年目の社員がある提案をしました。

「かねがね興味を持っていたのですが、ロールプレーイング（役割実演）はどうでしょう？　営業力に定評のあるB社では、毎週1回ロールプレーイングで交渉のしかたを勉強しているそうですよ」

この意見に対して賛否両論が噴出しました。

「面白そうですね。ぜひやってみたいです」

「しかし、ロールプレーイングは時間がかかる。毎週1回、定期的に時間を割くのは難しいのでは？」

「B社の評判は聞いたことがありますが、うちにはB社のようにロールプレーイングを指導できる人間がいませんよ」

さて、ロールプレーイングをやるかやらないかで議論になっているA社営業部。どうやって今後の方針を決めればいいのでしょうか？

①多数決で決めるのがいい。
②議論を尽くしたうえで、部長の裁量で決定する。
③目的を再確認して、ロールプレーイング以外の方法も考える。

問題解決のヒント

日本的な議論をやめて必ず代替案を出そう

解決策を決めようとするときは、必ず複数の**代替案**を出して比較検討するようにしましょう。

解決策を検討するときにやってしまいがちなのが「たまたま出た案を、寄ってたかって評価する」という日本的な議論です。**代替案**を客観的に評価するという発想が乏しく、やる・やらないの議論になってしまうことがしばしばあります。

しかし、これでは出された案をことごとくつぶす結果になりやすく、現状の枠を打破する思いきった発想は生まれてきません。こうなると新しい取り組みは何も進まなくなってしまいます。これを防ぐためには、**解決策を複数出して比較検討する**ということが必要になります。すなわち**代替案**です。

「本当の意思決定」のステップ

解決策を決定するということは、意思決定をするということです。しかし、日本には意思決定という言葉を正しく理解している人があまりいません。意思決定をする経営者はさらにいません。意思決定とは、たんなる判断ではなく、やり直しのきかない判断を、責任を持って決定することです。

必要なのは思いきりやリーダーシップではなく、「これがベストだ」と確信を持って決断できる裏づけとなる論理的な根拠です。そのためには、考えられる選択肢を検討し、その中で最もいいものを選ぶという過程が欠かせません。つまり、**代替案**の作成と評価というステップです。

実効性を高める比較検討のやり方

代替案を出すコツは、**現在の制約や前提条件を取り外し、どんな対策が取られうるのかをゼロベースで考える**ことです。すべての対策を考えて、その中から一番よいものを選ぶのが基本的な意思決定

日本的な議論	正しい意思決定
たまたま出た案	案 案 案 案 案
↓	↓
「やる・やらない」イエス・ノーの議論	あらゆる可能性を比較検討
↓	↓
思いきった発想は生まれない	意思決定
	↓
	実効性の高い解決策

解決策はひとつだけ出すのではなく、代替案を出し、比較検討して決める!

の進め方です。

たとえば、今回のケースでは、営業力の向上という課題が目の前にあります。営業力を向上させるには「ロールプレーイング」だけでなく、「社外の講師を招いて研修を行う」「上司の同行営業により、実際の営業活動の中で学ぶ」「トップセールスマンの話を聞く」など、いろいろ考えられます。

そういった案をひと通り出したうえで現実的な案をいくつか選び出し、どの案が一番いいのかを比較検討していくのです。比較検討の過程では、ふたつの案をひとつにしたり、よりよいものに修正したりしていく必要もあります。これにより、実効性の高い解決策ができあがるのです。

A ③ point

解決策をひとつだけ出して議論するのではなく、代替案を出して比較検討することが必要です。

40 代替案と意思決定 その2・「客観的な評価のための視点」

Q 前出のA社では、営業力の強化をめぐって個人のスキルアップを図ることを課題と設定しました。

①ロールプレーイング
②同行営業
③外部講師による座学研修

この3つの選択肢を元に、どれがいいのかを相談することになりましたが、会議ではみんなの主張が割れてしまいました。

若い世代では、やはり面白いもの、手ごたえのあるものをやりたいということで①を希望する意見が多数。しかし、中堅クラスでは「外部からの視点を養うためにも、社外の講師を招いて勉強することが効果的だ」とする意見が主流で③。ところが、営業部長は、最も効果が高そうであるという理由で②がいいという見解を示しました。

なかなかひとつの案にまとめることができないA社営業部。どうしたら意見をまとめることができるのでしょうか？

①話し合いをしたうえで、多数決で決めるのがいい。
②研修のための拘束時間、実行にかかる費用など、数字で判断する。
③どういった点で評価をするのか、あらかじめ評価項目を相談する。

問題解決のヒント

客観的評価がベストな決定を生む

何かを評価して決定するときに、ふだん、私たちはどんな方法を取っているでしょうか？

今回の設問のように、各人の主張や意見、あるいは好き嫌いで評価したり、その結果を多数決で決めたりしているケースが多いのではないでしょうか？

あるいは部門長やリーダーが自分の意見をベースに、メンバーの意見を参考程度に取り入れながら決定するというケースが多いのではないでしょうか？

しかし、このようにして出された結論は、本当にベストな決定とはいえません。なぜかというと、ほかの案が選ばれなかった理由がはっきりしていないからです。出された解決策及び代替案は、きちんと客観的に評価しなければなりません。

定性評価・定量評価という2つの切り口

案を客観的に評価するためには、**評価を始める前に評価の切り口をはっきりさせておく**必要があります。切り口がはっきりしていないと、数値だけを頼りに判断しようとしたり、多数派の意見が採用されやすくなってしまったりします。

議論の迷走を避けるためにも、定量的な切り口だけでなく、定性的な切り口についてもあらかじめはっきりさせておきましょう。

たとえば今回の設問のケースでいえば、「実行するのにかかる費用」「社員は毎週何時間ぐらいを費やすことになるのか」などの定量評価（数値化できる評価）と、「その解決策の利点」「その解決策の難点」などの定性評価（数値にできないものを評価する）の両方の切り口を明示して一覧にするとわかりやすくなります。

リスクを取るときの〝2つの視点〟

解決策を決定するときは、発生しうるリスクについてもあらかじめ考えておく必要があります。リスクが高すぎる場合には、案の内

代替案を客観的に評価する視点

①定性評価

その解決策の利点
その解決策の難点

②定量評価

実行にかかる費用
実行に費やす時間

③リスクマネジメント

損失を未然に防ぐ方法
被害を最小限に食い止める方法

代替案の決定を始める前に、あらかじめ評価の切り口をはっきりさせておこう!

容を改善したり、代替案を選んだりすることも必要になるからです。また、リスクをどこまで許容するのかという範囲を決めておくことも必要です。リスクを考えるときは、次の2つの視点で洗い出すといいでしょう。

「損失を未然に防止する方法にはどんなものがあるか?」

「損失が発生してしまった場合に、被害を最小限に食い止める方法は何か?」

この2つの視点で、**リスクにはどのようなものがあるかを把握し、あらかじめ対処方法について考えておく**ことがリスクマネジメントの第一歩となります。

A point ③

代替案の決定は、「定性評価」「定量評価」「リスクマネジメント」などにもとづいた評価の切り口を事前に決めてから行うようにしましょう。

41 成功の理由を分析しておけば「勝ちパターン」がつくれる

Q 山中君は脱サラをして念願のラーメン店を開きました。出店した場所はラーメン激戦区といわれる地域です。緊張しながら迎えた開店初日、山中君の店には行列ができて大当たり！　激戦区での快挙はテレビでも紹介され、マニアも呼び込んで、さらに客足は伸びていきます。

そこにA信用金庫の担当者がやってきました。初日だけでなく、2週間たったいまも行列ができているのを見た担当者は、2店舗目の出店をすすめに来たのです。

資金はA信用金庫が貸し出すし、出店候補地のアタリもつけてきているといいます。見ると、集客力には心配のない立地で、めったにない好条件です。

さて、山中君は店舗数を増やすべきでしょうか？

①積極的に進めるべきだ。チャンスはいつも存在しているとは限らない。流れには乗ったほうがいい。

②今回の話は流れても、半年くらいは1店舗で様子を見て、成功した理由をじっくり考えてみる。

③A信用金庫が持ってきた情報を精査して、いけそうだというデータの裏づけがあれば出店する。

問題解決のヒント

問題解決後の変化を見つめよう

問題は、ひとたび解決したらそれで終わり、というわけではありません。問題解決のあとは経過を見ていくことが重要です。経過を見ながら新たな問題設定の必要がないかどうかを考えていくことが必要なのです。そのためには、**問題解決のあと、「自分たちの現状」がどのように変化したのかを冷静に見つめていく必要があります。**

このラーメン店についていえば、2週間で結論を出すのは早急すぎます。新店オープンの集客効果は3カ月ほど続くので、その間は「めずらしいから」という理由だけで客が来ます。最初は行列ができて当たり前、できなければ完全な失敗なのです。

店の真の実力は3カ月目以降に表れてきます。安定的な売上を支えるのはリピート顧客です。リピート顧客が増えなければ客は減る一方です。

そのリピート客を獲得できたかどうかは、3カ月後ぐらいからはっきりしてきます。集客が店に対する評価に比例してくるのは、その時期からなのです。いまは規模の拡大よりも質の向上をめざすべきです。

「いま、何をすべきか」を考える

より効率のよい事業にしていくために取り組むべき課題はたくさんあります。コストの低減による利益率の向上、サービス内容の向上、メニューの開発、店舗オペレーションの定着などを通じて安定的な集客を図れるようにすることが必要です。これらがクリアされる見通しがついた時点で店舗の拡大・新規出店を考えるべきです。

次のステータスに移る前に「いま、何をすべきか」を考え、それが達成されるめどがつくまでは別の課題に手をつけてはいけません。

目的をコロコロ変えたり、着手する範囲を行き当たりばったりで増やしたりしてしまうと、課題への取り組みが中途半端に終わってしまいます。流れに乗って安易に

問題解決！その後……

流れに乗って次の問題へ
同じやり方でほかの問題へ

失敗

（例）早すぎる2軒目出店

経過を見る
成功の理由をじっくり考える

成功

（例）オープン後3カ月かけて
店の実力を見きわめる

問題解決のあとは、成功の理由を考え、経過を見ていくことが重要

次の課題に取り組んでしまわないようにしましょう。流れに乗ることは大切ですが、何かアクションを起こす前に、ちょっと立ち止まって考える冷静さを失わないようにしましょう。

問題解決の積み重ねが成長を生む

問題は「あるべき姿」と「現状」のギャップから生まれます。つまり、「あるべき姿」が変わったとき、もしくは自分たちの状況や環境などの「現状」が変わったとき、問題は必ず発生します。

それは、**市場が変化し、自分たち自身が成長しようとする限り、問題が必ず発生する**ということを意味します。企業経営にとっても、個人にとっても、問題解決は永遠に終わらないものなのです。

A ② point
問題解決のあとは、変化した現状を見ていくことが重要です。

42 問題の解決率が飛躍的にアップする「仮説力」を身につけよう

Q A社は昨年、人事制度の抜本改革を行いました。いままでは年功賃金でやってきたのですが、会社の実情に合わなくなってきたので、1年かけて成果主義人事制度を取り入れたのです。

しかし、導入後1年たって、問題はさらに大きくなってしまいました。自分の成績にならない仕事を敬遠するムードが蔓延《まんえん》し、助け合って職場の問題を解決しようという雰囲気がなくなってしまったのです。

自分のためにならないことはやらないという態度から、顧客の「対応が悪い」というクレームも増えています。問題をいろいろ発生させたものの、売上はせいぜい横ばいです。

さて、A社の成果主義導入という決断について、あなたはどう思いますか？

①当初の目的や問題点が成果主義導入でクリアできるのかどうかを、事前に検討しておくべきだった。

②成果主義導入に伴うメリット・デメリットをきちんと検討しておくべきだった。

③人事制度の改革はブームだ。他社もやっているから、自社も同じように取り組んで当然である。

問題解決のヒント

改革を〝改悪〟にしないために

「大枚はたいて新情報システムを導入したのに、さっぱり効果が上がらない」

「権限委譲を進めるつもりで分社化したら、バラバラになって、会社としてまとまった動きが取れなくなってしまった」

「成果主義を導入したら、社内がギスギスしてモチベーションが下がり、逆効果になってしまった」

これらは明らかに問題解決の失敗です。改革という旗印を立てても、それが結果として「改悪」になってしまっては元も子もありません。

A社のケースでは、成果主義を導入する前に、メリットだけでなくデメリット（リスク）をあらかじめ洗い出し、対応策を検討しておくべきでした。

問題解決、とくに全社にかかわるような意思決定を必要とする大規模な問題解決では失敗は許されません。失敗はそのまま改悪につながり、企業の力を落としてしまいます。

意思決定の重大な誤りを犯さないためには、問題発掘から意思決定に至るプロセスを明確にすることです。客観的な評価で成功率の高い方法を確実に選んでいく必要があります。

ほかにも左ページの図のように、問題解決の各段階で失敗しやすいパターンがあるので、注意してください。それぞれのプロセスを一歩一歩丁寧に進めることが、確実な問題解決へと結びつくのです。

成功率を上げる「仮説力」の磨き方

「この選択肢を選んだらどうなるのか」というシミュレーションも効果的です。**将来の推測・予測をする「仮説力」があれば、数少ない情報やデータからでも、将来を予測し、次のシナリオを描くことができます。**

仮説とは「仮の結論」です。100％確実ではないけれど、とりあえずの結論としたものです。**仮説**を立てて推測し、それを数少な

問題解決で失敗するパターン

①「あるべき姿」の失敗
経営の方針がはっきりしていない
目標が数字でしか示されていない
↓
②現状把握の失敗
都合のいいデータだけに着目してしまう
情報や分析結果を、正当化のために使ってしまう
↓
③問題分析の失敗
問題分析が不十分で、原因まで行き着いていない
抽出の仕方が部分的で、問題を出しきっていない
↓
④中途半端であるという失敗
一度に多くのことに手をつけすぎている
↓
⑤意思決定の失敗
客観的な評価がされないまま決定してしまう
代替案が検討されていない
↓
⑥実行段階の失敗
解決策の内容にムリがある
解決策がわかりにくくて実行できない

「改革」を「改悪」にしてしまわないために、問題発掘・意思決定のプロセスを確実にしよう!

い事実で検証していく作業を繰り返しているうちに、予測力や洞察力を磨くことができます。数少ないデータや事実からでも将来の見通しを立てることができるようになるのです。

精度の高い仮説を立てることができるようになれば、仕事はムダなく進められるようになります。スピーディーに現状把握や予測をすることができるのです。

問題解決を「やってみなければわからない」というのは素人です。ビジネスパーソンなら、問題解決の汎用スキルは素養として持っておくべきものなのです。

A ① ②

point
仮説を立てて推測し、それを数少ない事実で検証していく作業を繰り返していけば、限られたデータからでも将来の見通しを立てられる「仮説力」が身につきます。

43 キャリアアップの問題解決術 その1・「自分の壁を乗り越えよう」

Q 中田君は経理部所属の5年目の社員です。今年、小さいチームながらもリーダーを任されるようになりました。中田君はわりとおとなしい性格ですが、人と話をするのは好きなほうです。しかしリーダーのコミュニケーションとは、いってみれば「管理」。ときにはムリな注文も出さなければいけないし、耳の痛いこともいわなければなりません。

なのに、上司の価値観は古いまま、不合理きわまりない指示を出すこともたびたびあります。そういう指示は往々にして撤回されたり変更されたりするので、中田君とその下のメンバーは振り回されるばかりの毎日です。

経理の仕事自体はそんなに嫌いなわけではないのですが、いまの仕事の内容はどうにも腑《ふ》に落ちません。最近では「転職しようか」と、とりとめもなく考えたりする毎日です。

さて、こんな中田君に、あなたならどんなアドバイスをしますか?

①このケースは会社にも問題がある。こんな中でがんばっていても徒労感ばかりたまるので、やっていて充実感を得られる仕事を選び直したほうがいい。

②いまの中田君のつらさは、必ずしも「リーダー」という立場に起因するものばかりではない。つらいのはなぜかを考えて対処しよう。

③中田君は管理者よりも専門家向き。リーダーを外してもらい、経理の豊富な知識を身につけてエキスパートへの道を選んだほうがいい。

問題解決のヒント 現状を変えることで人は成長できる

仕事がつらいのは、仕事の中身がつらいからか、仕事の進め方が悪くてつらい状況になっているからかをよく考えてみましょう。中田君にとっての問題は「部下がいうことを聞かない」「上司の指示がコロコロ変わる」「柄《がら》にもない責任ある地位を押しつけられている」などです。リーダーという管理業務そのものが、彼には重荷と感じられているのでしょう。

仕事の進め方やしくみを見直し、実行するのにはエネルギーがいります。しかし、**現状を変えることで人間は成長します**。これは組織でも同じです。変化のないところに成長はありません。**変化を自ら生み出し続けることが成長には欠かせないのです**。変化を繰り返すことで、環境の変化にも負けず、自分を変えて対応することができる強い組織になっていきます。

みずから変化を与えることは、自分自身にも成長をもたらします。基本的に、人間は変化に対して不安を感じるようにできています。それを不安のままで終わらせてしまうのか、それとも解決(いまより高いレベルでの安定)をめざす原動力にするのか、それは個人の姿勢にかかっています。問題を放置してしまえば、変化に対する不安からも、変化しないことで感じるマンネリ感からも逃れられません。「いい仕事は報われる」と信じて努力を惜しまないことが成長への第一歩です。

いままでの壁が壁でなくなる瞬間

現状維持に満足してはいけませ

問題

現状維持に満足
後退・陳腐化
自分の壁「苦手だからやらない」
逃げグセ
↓
退化
人生からの逃亡者

主体的に取り組む
組織の成長・強化
自分自身のスキルアップ
壁を乗り越える習慣
↓
進化
人間の生きる喜び

自分の壁にチャレンジする人は、どんどん高い壁を飛び越せるようになる!

ん。現状維持は後退です。「このままでいい」と思った瞬間に陳腐化が始まります。

また、自分の壁を越えなければいけません。「苦手だからやらない、やりたくない」といって立ちはだかった壁から一度逃げると、次の壁にぶつかったときも逃げようと考える「逃げグセ」がつきます。それでは人間は進歩しません。

自分の壁を一度乗り越えると、次に同じような壁が来ても動じません。いままでの壁が壁でなくなるからです。**自分の壁にチャレンジして、壁を乗り越える習慣がつけば、どんどん高い壁を飛び越せるようになります。**

A ② point

進化しなければなりません。そこに人間の生きる喜びがあります。逃げたとたんに人生からの逃亡者になります。もう逃げ惑うことはやめましょう。

44 キャリアアップの問題解決術 その2・「努力の効率を上げるコツ」

Q さて、先ほどの中田君は久しぶりに大学時代の友人と会うことになりました。卒業してから5年。短いようですが、学生くささがすっかり抜けてビジネスマンの顔になっています。

一番仲のよかった小池君は商社で鉄鋼部門を担当しています。すでに2人の子持ちということもあり、一番雰囲気が変わっていました。

なんでも、中国で進めているプロジェクトに参加していて、日本と中国を行ったり来たりで飛び回っているようです。仕事で見聞きしたことをいろいろ話してくれました。

でも、聞いていて中田君はなんだか落ち着かない気分になってきました。小池君は自分よりはるかに多くの体験を積んでいるようです。話も聞いていて面白いのです。

それに比べて、何か面白いと思ってもらえそうな話のネタがひとつもない自分に気がつきました。

入社以来、ずっと経理の仕事をしています。外の人と接触する機会もありません。毎日が同じ仕事の繰り返しです。小池君の仕事ぶりといまの自分を比べると、焦《あせ》りを感じざるをえませんでした。

「いったい、自分はこの5年間でどれだけ成長したといえるんだろうか……？」

あなたなら、中田君にどんなアドバイスをするでしょうか？

①自分は運が悪かったが、人は人、自分は自分と割りきったほうがいい。

②小池君はたまたまいい仕事に恵まれていた。話には出てこなかったが、つまらない仕事だってたくさんしているはずだ。

③まずは冷静に自分を見つめ直す。焦る気持ちもわかるが、自分の短所や足りないところを素直に認めるのと同じくらい長所や成長を冷静に捉えるべきだ。

問題解決のヒント

「人生の棚卸し」で自分自身の変化をつかもう

人間の成長は人それぞれです。たまには人と比較して自分を見つめ直すきっかけを持つのも悪くはありませんが、誰かと比較して焦ったり安心したりしても意味がありません。

まずは自分の変化を見出しましょう。5年前と比較して、何がよくなったか、何がよくなっていないのか、何が悪くなったのかを考えて「人生の棚卸《たなおろ》し」をするのです。

冷静に5年間のアウトプットを**見つめることで、自分に足りないものが見えてきます。**

同じ5年間という時間を過ごしてきた中田君と小池君。5年間という時間は2人に平等だったはずです。2人とも仕事を誠実に努力してこなしてきたのに、なぜ、こんな差が生まれるのでしょうか。

「アウトプット志向」で努力が成果に直結できる

インプットは似たようなものなのに、アウトプットがまったく違うのです。アウトプットが違うのに投入する努力が同じ量だとしたら、当然、投入する努力のエネルギーの多いほうが効率が悪くなります。

ムダな努力をしないためには、**アウトプット（＝目標）を明確にして、そこに至る最短距離を見つけ出すこと**が必要です。自分がど

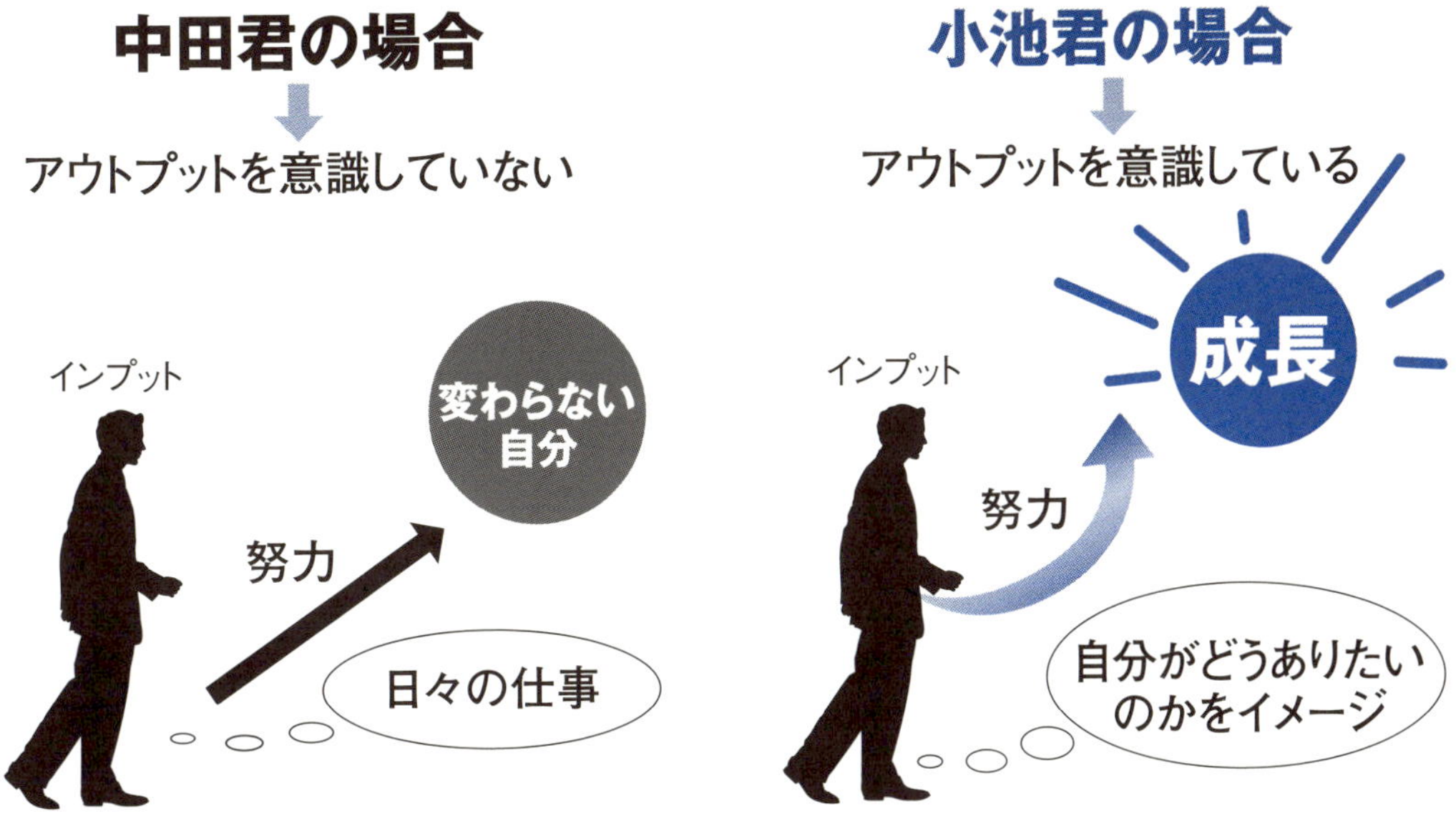

アウトプット（目標）を明確にすることが、努力の効率を上げるコツ！

A ③ point

いい仕事、悪い仕事は、心がけしだいです。まずは自分の過去5年間の成長を冷静に考えてみましょう。そして5年後、10年後の自分のあるべき姿を描いてみましょう。

うありたいのかをイメージして、そこに向かって努力することが欠かせません。

　取りかかる前に**アウトプット**を明確にするということは、一日の仕事を進める場合でも同じです。最初に「これだけはやる」という目標を決めましょう。そして、それが達成できなければ今日の自分の働きはムダになる、と肝に銘じて仕事に取り組みましょう。

　目標を決めたら、おおよその計画、グランドデザインを描きましょう。時間は5～10分もあれば足ります。ちょっと立ち止まって考えることで、その日一日の仕事の流れがスムーズになるのです。

45 キャリアアップの問題解決術 その3・「人生の達人になる3つの能力」

Q 中田君は、いろいろな人に会って話を聞くことにしました。いまの仕事ではなかなか外部の人と会えないので、異業種交流会に顔を出してみました。そこで、とてもアクティブな感じの印象的な公認会計士に出会ったのです。

　話を聞いてみると、ベンチャー企業の立ち上げを手伝っているということでした。企業の立ち上げの手伝いといっても、中田君にはいまひとつピンときません。

「うーん、一言でいうのは難しいな。企業の立ち上げのときにはいろいろな問題が出てくるから。お金の問題だけじゃなく、人の問題とか組織の問題とか。技術やほかの会社との関係なんかも。

　そんなもろもろの問題について、企業を起こそうとする人たちと一緒に考えながら解決策を見つけ出す。そして僕は公認会計士という立場と知識を利用してサポートしているんだ。

　僕の仕事は、会計士の部分が3割、7割はそれ以外ってところじゃないかな。コンサルなんていうほどのものじゃないよ」

　帰り道、中田君はその言葉を思い出し、ふと何かが見つかったような気がしました。必ずしもその人と同じ仕事がしたいというわけではありません。ただ、彼の仕事のしかたはとても魅力的でした。

　さて、いまの中田君に必要なのは、いったいなんでしょう?

①専門分野。「これが僕の専門です」といえるようなもの。
②問題解決力。問題を見つけ出して課題を設定し、解決を導く力。
③自分の目的を見つけ出すこと。自分のなりたい姿のイメージ。

問題解決のヒント

これからの出世コースに必要な問題解決力

私はこれまで数多くのプロジェクトや事業に携わってきました。その経験から、**これから求められる人材の条件は「専門性」「業務スキルが高い」という2点にまとめられる**と考えています。専門性とは、ある特定の分野で深い知識と経験を持っていること。業務スキルとは、問題解決力、ロジカルシンキングなどの汎用スキルのことを指します。

　かつて、企業の出世コースに乗る人というのは、さまざまな部署を転々としてきました。会社の全体像を理解し、さまざまな経験をさせるため、そして、いろいろな部署に人的ネットワークを広げるための措置だったのでしょう。

　当時は「広く浅く」が重宝《ちょうほう》されました。しかし、業務内容が複雑になり高度化してきているいまは、詳細を知らない人間は「外野」です。「これについては誰よりも詳しい」といえるような**専門性を持つことがとてつもない強みになります**。専門性を持つことで、ほかの分野についての業務知識がない弱みもカバーできるのです。自分の得意分野を生かしましょう。そして、その得意分野をさらに強化しましょう。

あなた自身の「気づき」が将来を切り開く

「気づく」というのは成長における大切な要素です。「気づく」ということは、みずから解を導き出すことです。「**解は教えられるものではなく、自分で導き出すものである**」と、この本の冒頭で述べました。教えられた解にはその人

社外に通用するレベルの
プロになろう
人生シナリオは
明確ですか？
現在
未来
自分の成長シナリオを
確認しよう
自分のスキルアップに
つなげよう
いまの目標を達成したら、
新たな目標達成を！
自己満足に陥らないで
能力開発にチャレンジしよう

かつての「出世コース」

さまざまな部署を経験
会社の全体像を理解
社内の人的ネットワーク

↓ 時代の変化
業務内容の複雑化・高度化

これから求められる人材の条件

専門分野についての深い知識と経験（例・公認会計士の資格）
高い業務スキル（問題解決力、ロジカルシンキング etc.）

自分の得意分野を強化して、専門性を持つ人材になろう！

を納得させて行動に至らしめる力がないからです。

だから、安易に解を教えてもらうことに意味はありません。たくさんのケースと選択肢、そして解答を紹介しましたが、それらを記憶にとどめることそのものには、あまり深い意味はありません。むしろ、ひとつでもふたつでもいいから、何かあなた自身の「気づき」をもたらすものであればと思っています。

そして、自分なりの問題解決のシナリオが見えてきたら、あなたは人生の達人になっていることでしょう。**生きるのが楽しくなるのもつまらなくなるのも、あなたしだいです**。将来を切り開くのはあなた自身なのですから。

A ①②③すべて

point
これからの人材に必要な条件は、「専門性」「問題解決のスキル」「目的を設定する力」です。

East Press Business

図解版

問題解決トレーニング

ずかいばん もんだいかいけつとれーにんぐ

2006年7月3日 第1刷発行

著者
西村克己 にしむら・かつみ

装幀・本文デザイン
福田和雄

本文イラストレーション
赤木 洋

本文図版作成・DTP
ナトリック

編集担当
玉置文洋

編集人
畑 祐介

発行人
屋田悟郎

発行所
株式会社イースト・プレス
〒101-0051
東京都千代田区神田神保町1-19ポニービル6F
TEL 03-5259-7321
FAX 03-5259-7322

印刷所
中央精版印刷株式会社

ISBN4-87257-647-0

本書は、小社刊『問題解決トレーニング』を
大幅に改筆のうえ、再編集したものです。

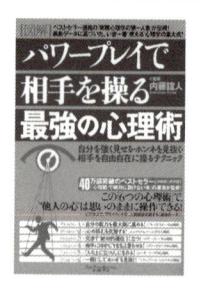